自分のペースで
楽しく続く！

大人のごきげん独学術

みおり

KADOKAWA

はじめに

大人ライフは「勉強」でどんどん楽しくなる

本書を手に取ってくださったみなさんは、なにかすでに勉強しているものがあったり、これから勉強したいなと思っているものがあったり、あるいは具体的には決まっていないけど、なにか勉強を始めてみたいなと考えていたりすると思います。

学生時代、勉強が楽しくて楽しくて仕方なかった！という人は少数派ではないでしょうか。わたしは東大卒などとカッコつけて自称（詐称ではありません）しているので「昔から勉強が大好きだったんでしょ？」と勘違いされてしまうことがあるのですが、なにを隠そう、実際は勉強より三度の飯と睡眠が好きな学生でした（社会人になったいまもですが）。

それなのに、大人になるとあんなに面倒だった勉強が無性にしたくなるのって、一体なんなのでしょうね。あのころこのやる気を持てていれば……と白目になってしまいます。

大人になって勉強が楽しく感じられるのは、**「大人の勉強は、自分の人生をデザインするための勉強だから」**ではないでしょうか。

学生時代（特に小中高時代）の勉強というのは、結果的に大人になってから役立つものではあるのですが、少なくとも当時は「仕方なくやるもの」「受験のためにやるもの」という存在になりがちです。学ぶ対象も選択の幅は狭く、基本的に5教科と呼ばれるものをおとなしく履修するほかありません。

一方、大人の勉強というのは、なりたい自分に近づくための科目を自分で選んで学ぶ、ということができます。「海外旅行をもっと楽しみたいから英会話を学ぶ」「料理上手になりたいから料理教室に通う」「社労士になりたいから資格試験の勉強をする」など、「こういう自分になりたい！」を起点としてその方法を自分で選択することができるわけです。これが楽しくないはずありませんよね。

とはいえ、大人になってからの勉強には学生時代とは違う大きな悩みも出てきます。特に、仕事や家事・育児との両立や記憶力の低下、モチベーションの維持などはわたしの社会人フォロワーさんからもよくご相談をいただくテーマです。

そこで本書では、独学で（＝基本的にはスクールや個別レッスン等を利用せずに自力で）なにかを学びたいと考えている大人の方に向けて、勉強時間を確保するタイムマネジメント術や大人ならではの記憶のコツ、やる気や集中力のコントロール法などを楽しくご紹介していきます。

「資格試験や検定試験に合格したい」「いまの仕事や将来の転職に役立てたい」「趣味として楽しみたい」など人それぞれ様々な目的があると思いますが、あらゆる学びに活用できるポイントをお伝えしていきますので、気軽にできそうな部分からぜひ試していただけたらと思います。

わたしは職業名として「勉強法デザイナー」を名乗っているのですが、この肩書きの背景には、**「一人ひとりが自分の勉強法をデザインすることを通じて、自分自身の人生も楽しくデザインしてほしい」**という願いがあります。

勉強法が変われば、学びの効率がよくなり、人生が変わります。わたしは実際にそれを体験してきました。そして、人生はいつだって自分の手でデザインしていけるし、その手段として「勉強」は最強なのだと、身をもって実感してきました。

大人の人生は、勉強でどんどん楽しくなる。なんだかわくわくしてきませんか？

「自分の人生をデザインするための勉強」は、学生時代にはなかなか手に入らない、大人の特権です。わくわく楽しい大人の勉強、一緒に始めていきましょう。

みおりん

第3章 大人のための効率勉強法

第4章 資格・検定試験の勉強法

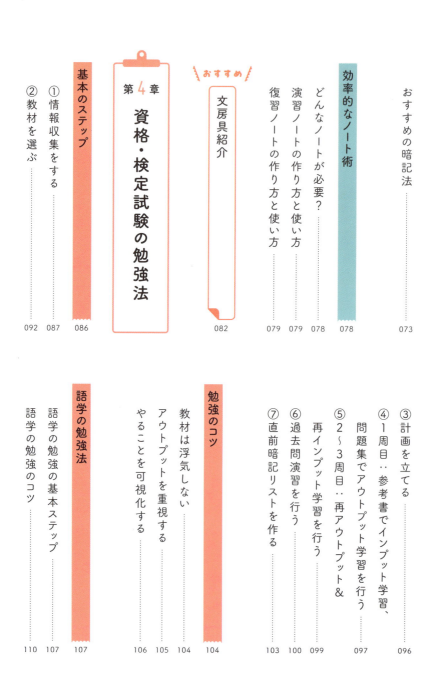

第5章 仕事の勉強法

第6章 趣味の勉強法

第7章
モチベーション&集中力アップ術

第8章 毎日を充実させる手帳術＆読書術

※本書は、2025年2月現在の情報に基づいています。

第1章

大人の独学を楽しもう!

大人の独学を成功させる5つのコツ

本書では、大人の勉強のなかでも特に難易度の高い「独学」をする方を主な対象としてお話をしていきます。大人の独学を成功させる、つまり仕事や家事・育児をしながらスクールに通わず勉強を続けるためには、大切なコツが5つあります。

①勉強時間を作り出す

1つ目は、「勉強時間を作り出す」ということです。

普段社会人のフォロワーさんから最もよくいただくのが、「勉強する時間がとれない」というお悩み相談です。わたし自身、会社員として働いていたころも、フリーランスとして働きはじめてからも、仕事に忙殺されて勉強時間を確保できないことが多々ありました。家事や育児に時間をとられてしまうという方も多いと思います。

勉強時間の確保は、大人の独学において最大の課題。仕事や家庭のタスクで忙しい方がほとんどだと思いますが、あらゆる手段を使ってなるべく多くの時間を作れるといいですね。詳しい方法は次の第2章でお話ししますので、ご参考にしていただけたらと思います。

②自分の取扱説明書をもつ

2つ目は、「自分の取扱説明書をもつ」ということです。

多忙ななかで行う勉強も、せっかくならごきげんに楽しみたいもの。自分のごきげんをとるには、自分がどうやったらごきげんになるのかを知る必要がありますよね。また、逆にどんなときにしんどくなってしまうのかを知っておくことも大切です。

勉強を始める前に、次のようなことを自分に問いかけてみてください。ノートに書き出してみるのもおすすめです。

- **モチベーションが上がったり、元気が出たりするのはどんなとき？**

例：コーヒーを飲んでいるとき、人と話しているとき、ＹｏｕＴｕｂｅで勉強系の動画を観るとき、など

- **モチベーションが下がったり、気分が落ち込んだりしてしまうのはどんなとき？**

例：仕事でミスをしたとき、休日を無駄に過ごしてしまったとき、物事が予定どおりに進まないとき、など

- **勉強や作業が捗《はかど》る時間帯は？**

例：朝いちは頭がすっきりしていて捗る、夜のほうが頭が働いて捗る、など

- **勉強や作業が捗る場所は？**

例：カフェで勉強すると捗る、通勤中に勉強すると捗る、など

こうしたことがわかると、たとえば「自分は朝いちの時間にカフェに行き、まずYouTubeで勉強系の動画を5分観てからやる気を高め、おいしいコーヒーを飲みながら勉強するとよさそう」といった作戦を立てることができます。

③効率的な勉強法を選ぶ

3つ目は、「**効率的な勉強法を選ぶ**」ということです。

限られた時間で進めなければならない大人の独学では、効率のいい方法で勉強することも重要になります。効率がいいとはつまり、「**なるべく少ない手間と時間で、できる限り大きな学習効果を得られる**」ということ。

ただひたすらテキストを読んだり、目についた問題を無計画に解いたりするのではなく、目的に合った最短距離の勉強法を実践する必要があります。

効率的な勉強のやり方については第3章で詳しく解説しますので、ご参考にしていただければと思います。

④全体像を捉えてから勉強を始める

4つ目は、「全体像を捉えてから勉強を始める」ということです。

たとえば「TOEIC®を受けたい」と思ったとします。このとき、「書店に出かけて、たまたま目についた『TOEIC® 英単語 ○○点攻略』のような英単語帳を購入して読んでみる」というのはNG。これをしてしまうと、勉強が部分的な対策になってしまって試験全体に対応できなかったり、全体の勉強を効率的に進められなくなったりといったことが起きてしまいます。

この場合、

- 英検®やTOEFL®との違いはなにか、自分が目指すのは本当にTOEIC®でいいのか
- TOEIC®とは何点満点の試験なのか
- 自分のいまの実力では何点くらいとれるのか
- 自分の目指すレベルは点数でいうと何点くらいにあたるのか
- 問題はどんな構成で何問あるのか
- どんな問題が出題されるのか
- 各大問についてどんな対策をすればいいのか

といったことをはじめに理解したうえで、取り組むべき勉強内容を書き出してから対策をスタートするのがベスト。仕事のプロジェクトでも同じだと思いますが、まずは全体像を理解してから戦略を考えることが成功への近道です。

⑤まずは徹底的に模倣する

5つ目は、**「まずは徹底的に模倣する」**ということです。

資格試験や仕事の勉強には、すでに先人たちが築いてきた定番の勉強法というものがあります。たとえば、「質の高い予想問題集がないので、過去問演習を中心に対策すべし」「短期間の勉強で得点につながりやすいAの分野を先に固め、次にBやCの分野に着手すべし」といったようなことです。**自分オリジナルの勉強をするより、こうした王道のやり方を真似したほうが確実にゴールに近づくことができます。**

「この資格をとりたい」「このスキルを身につけたい」というゴールが決まったら、すでにそれを達成している人がどのように勉強してきたのかを詳しく調べてみてください。

【〇〇（資格試験などの名称）勉強法】と検索すれば様々な人の発信内容を見つけることができるので、まずはこうした情報を集め、徹底的に真似してみましょう。

最初にやるべき3つのこと

いざ勉強を始めよう！と思っても、「なにから始めればいいかわからない」「とりあえず問題集を解けばいいのかな?」と迷ってしまう場合もありますよね。

どんな勉強をする際にも、まずは次の3つのステップを踏んでからスタートしましょう。

①目的を明確にする

はじめに、今回の勉強をする「目的」を明確にします。

目的は、次のようにしっかりと言語化してください。小さなメモ用紙などに書いて壁に貼っておくのもいいと思います。

勉強する目的の例

- 英語力に自信をつけ、英語を使うプロジェクトにも率先して立候補できるようになる
- Ｗｅｂデザインの力をつけ、Ｗｅｂデザイナーとして理想の会社に転職する
- お金の知識を身につけ、将来への不安やお金の心配によるストレスを減らす

ここをすっ飛ばしてしまうと、途中で勉強がしんどくなったときや、忙しくて勉強時間がとりづらくなってきたときに、「もういいかな」と簡単にあきらめやすくなってしまいます。自分の心のなかに明確に言語化した「目的」があれば、「勉強は大変だけど、この目的のためにがんばろう」と踏ん張る力になってくれます。

②目標と期限を決める

目的が定まったら、次に「目標」と「期限」を設定します。

目標は、必ず検証ができるものにしてください。検証ができるとはつまり、「達成できたかどうか」が客観的に判断できるということです。「何点とれたか」「合格できたか、できなかったか」ということがわかるようなものを設定します。

期限は、明確な日付を決めるようにしてください。「来年くらいまでに」「冬くらいまでに」「そのうちいつか」というようなふわっとした期限だと、勉強を終える前にいつのまにかその時期を迎えてしまうということになりかねません。

わたし自身、はっきりとした期限を決めずに掲げた目標はいつも未達成のまま終わってしまいます……（反面教師）。

よい目標と期限の例

◎「11月のTOEIC®で800点をとる」
◎「6月の試験で漢検2級に合格する」
◎「5月1日から7月31日までの3カ月間で、オンライン英会話を50レッスン受ける」

悪い目標と期限の例

×「英語力を高める」
×「お金の知識をつける」
×「できるだけ早く漢検2級に合格する」

目標と期限を決めたら、メモ用紙などに書いて壁に貼るか、手帳の目立つ位置に書き込んでおきましょう。

普段から頻繁に目にする場所に目標が書いてあると、「これを達成するんだ」という気持ちが自然と生まれ、知らず知らずのうちに実現の可能性を高めることができます。自分を追い込むために周りの方に目標を宣言するのもおすすめです。

③勉強道具を用意する

目的・目標・期限が定まったら、勉強に使う次のような道具を用意します。

- 教材
- ノート
- 筆記具（テキストにマーキングするためのカラーペン、問題を解くためのシャーペン、消しゴム、丸つけ用の赤ペンなど）
- パソコンやタブレット（必要な場合）

教材は、目標を達成するために適切なものを過不足なく選ぶようにします。資格試験に必要な教材の調べ方は第4章でご紹介しますので、そちらもご参考にしていただければと思います。

第2章

大人のための
タイム
マネジメント術

わたしの会社員時代のタイムスケジュール

「仕事や家事と勉強を両立したいけど、どうすれば時間をとれるかがわからない」とお悩みの方も多いと思います。まずは一例として、わたしが会社員時代に資格試験の勉強をしていたころの一日をご紹介します。

濃いオレンジ色で示した部分が勉強時間です。年中これだけ勉強していたわけではありませんが、資格試験や検定試験が近い時期は、こんなふうに仕事や家事の合間を縫ってスキマ時間を確保していました。

こうして見ると、ちょっとした時間でも意外と勉強できるかも？ということがわかっていただけるかなと思います。

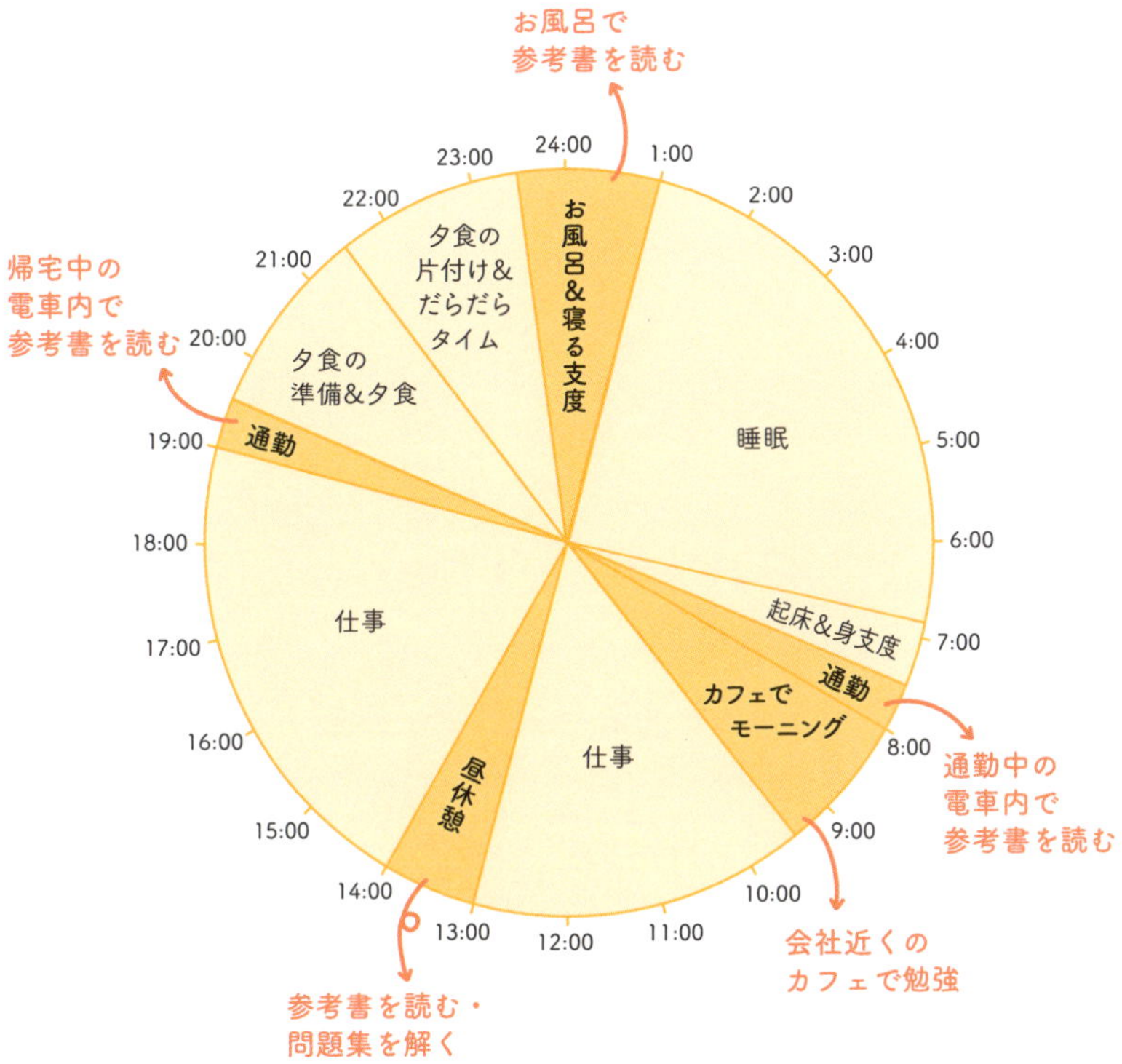
お風呂で
参考書を読む
帰宅中の
電車内で
参考書を読む
24:00
1:00
2:00
3:00
4:00
5:00
6:00
7:00
8:00
9:00
10:00
11:00
12:00
13:00
14:00
15:00
16:00
17:00
18:00
19:00
20:00
21:00
22:00
23:00
お風呂&寝る支度
夕食の
片付け&
だらだら
タイム
夕食の
準備&夕食
通勤
睡眠
起床&身支度
通勤
カフェで
モーニング
仕事
昼休憩
仕事
通勤中の
電車内で
参考書を読む
会社近くの
カフェで勉強
参考書を読む・
問題集を解く

勉強時間の作り方

忙しい社会人のもとに、勉強時間は待っていてもやってきません。仕事や家事で忙しい方は、次のようなことをして時間を作り出しましょう。

あらかじめスケジュールをブロックする

スケジュール帳が空欄になっていると、いつのまにか友だちからの飲み会や遊びの誘いが入ったり、つい残業してしまったりということが簡単に起こってしまいますよね。「もし時間ができたら勉強する」「予定が入らなければ勉強する」という意識でいると、いつまで経っても自分のための勉強時間を確保することはできません。

自分のスケジュールは、人に奪われないよう自分でがっちりと守っておきましょう。**おすすめは、スケジュールにあらかじめ「18:00～19:00 参考書を読む」などと予定を入れてブロックしてしまうことです。**必ず時間も決めておさえておきます。

余談ですが、わたしは昔から気づくとスケジュールがパンパンになってしまう人間で、「人と会う用事が多すぎて自分の時間をとれない」といつも悩んでいました。でもあるとき、**「自分のスケジュールが人との予定でいっぱいになってしまうのは、自分が前もって血眼でブロックしていないからだ」**ということに気がついたんです。

「この日空いてる？」と聞かれると、「(本当はその日一人でこれをやろうと思ってたけど……まあこの日である必要はないし……) 空いてるよ！」と答えてしまっていたんですよね。だからいつまで経っても自分のための時間がやってこなかったんだ、と気づきました。そして、**これをずっとやっていたら、わたしの人生の時間は永遠に人に奪われつづけるんだ**、ということにも。

スケジュールの都合を聞かれたとき、その日に別の人との先約があったら、「その日は用事がある」と断れますよね。同じように、**自分との約束もしっかり「用事」としておさえておく**ことが大事なのだと思います。

周りに宣言する

スケジュールのブロックと合わせ技でおすすめなのが、「いま○○の勉強中なんです」「ある目標があって、最近勉強しているんです」と**周りに宣言してしまう**ことです。目標に向かって勉強をがんばっている時期だと知れば、周囲の方もしつこく遊びに誘ったり、優先度の低い打ち合わせをたくさん入れたりはしなくなるはず。誘いを断るときに毎回理由を説明しなくても、「あ、そっか。いま勉強忙しいもんね」とわかってもらえるようになります。

また、周りの方が理解してくれていれば、会社の休憩時間に勉強する際にも堂々とテキストを広げやすくなります。

スキマ時間を見つける

一日の大半を仕事や家事・育児に費やす社会人にとって、まとまった勉強時間をとるのはなかなか大変なことです。

そこで重要なのが**「スキマ時間」の活用**。日々の生活のなかで、なるべく多くのスキマ時間を見つけて勉強に充てることがカギになります。

ときどき「家事や育児で15分程度のスキマ時間を見つけるのも難しい」というご相談をいただくのですが、そういう場合はそんなに長い時間でなくてもかまいません。**1回3分でも5分でも勉強は勉強ですし、積み重ねていけば必ず望む地点まで到達できます。**「しっかり時間をとらなければ」と考えず、「わずかな時間でも勉強はできるんだ」と気楽に考えていただけたらなと思います。

家事を時短する

勉強時間を少しでも確保するために、家のことにかかる時間をなるべく減らすという工夫も有効です。なかには次のようなことをして家事時間を短縮している方も。

- 食材宅配会社が提供するミールキットを使う（献立を考える時間の節約）
- 食材をネットスーパーで購入する（スーパーに行く時間の節約）
- 食器洗い機を使う（食器洗い時間の節約）
- しわにならない素材の衣服やタオルハンカチを使うようにする（アイロンがけ時間の節約）
- 全自動洗濯乾燥機を使う（洗濯物を干す時間の節約）
- お掃除ロボットを使う（掃除時間の節約）
- 髪型をショートヘアにする（ドライヤー時間の節約）

限界はありますが、一つひとつの家事を時短することでいまより多くの勉強時間を確保することができます。できる工夫からぜひ試してみてください。

仕事時間を工夫する

仕事の時間をできる限り短くすることで、勉強時間を確保するのも一つの手です。

- なんとなくの習慣で残業しない
- パソコンのショートカットキーを駆使する
- パソコンやスマホによく使う言葉を辞書登録しておく（「い」と入力するだけで「いつも大変お世話になっております」と変換できるようにしておく、など）
- メールやチャットの対応時間をあらかじめ決めておく
- 会議は1時間単位ではなく15分単位で設定する（30分間、45分間など）
- 会社の近くに住み、通勤時間を短縮する

などの時短術を実践している方も。会社の風土やご自身の職種・立場によっても可能なものとそうでないものがあると思いますが、状況に合わせて工夫を取り入れてみてくださいね。

スキマ時間の見つけ方と勉強法

ここまでのお話で、社会人の勉強にはスキマ時間の活用が重要なポイントになることがわかっていただけたと思います。では、スキマ時間は具体的にどうやって見つけてどのように活用すればいいのでしょうか。

スキマ時間の見つけ方

スキマ時間を見つけるには、頭で考えるよりも紙に書き出してみるのが効率的です。紙とペンを用意して、次のようなことをしてみてください。

①24時間の時刻を入れた数直線を書き、一日の平均的なスケジュールを書き込む

まず、まっすぐに線を引きます。そこに朝から夜までの1時間刻みの時刻を書き入れてください。0時または起床時刻からスタートし、24時間の時刻を入れましょう。

数直線ができたら、自分の**普段のスケジュール**（理想の一日ではなく、ありのままの一日）を書き込みます。細かな予定は毎日違うと思いますが、おおむね平均的にはこんな感じ、というものを書いてみてください。

「仕事がある日」と**「休日」**の両方を考える必要があるので、それぞれのパターンを作ります。38ページの見本も参考にしてみてください。

②「すでに勉強できている時間」を青で、「絶対に勉強できない時間」を赤で塗る

次に色分けをします。4色のペンを用意してください。ここでは青・赤・黄・緑の4つでご説明します。

まず、**「この時間はすでに勉強できている」という時間を青で塗ります**（マーカーだと塗りやすいと思います）。いまはまだ勉強をしていないという場合は塗らなくてOKです。

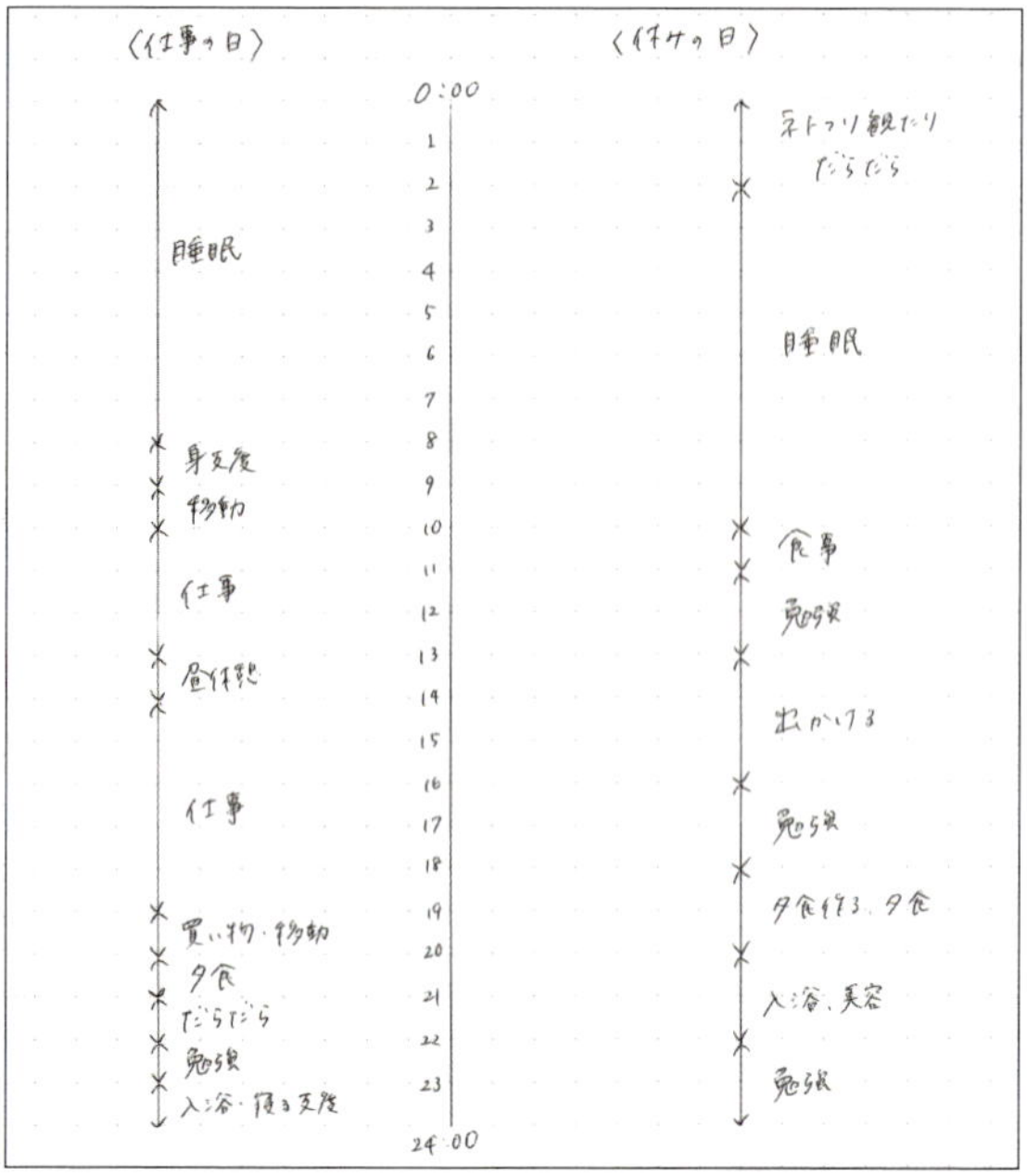
〈仕事の日〉
〈休みの日〉
0:00
24:00
睡眠
身支度
移動
仕事
昼休憩
仕事
買い物・移動
夕食
だらだら
勉強
入浴・寝る支度
ネトフリ観たり
だらだら
睡眠
食事
勉強
出かける
勉強
夕食作る、夕食
入浴、美容
勉強

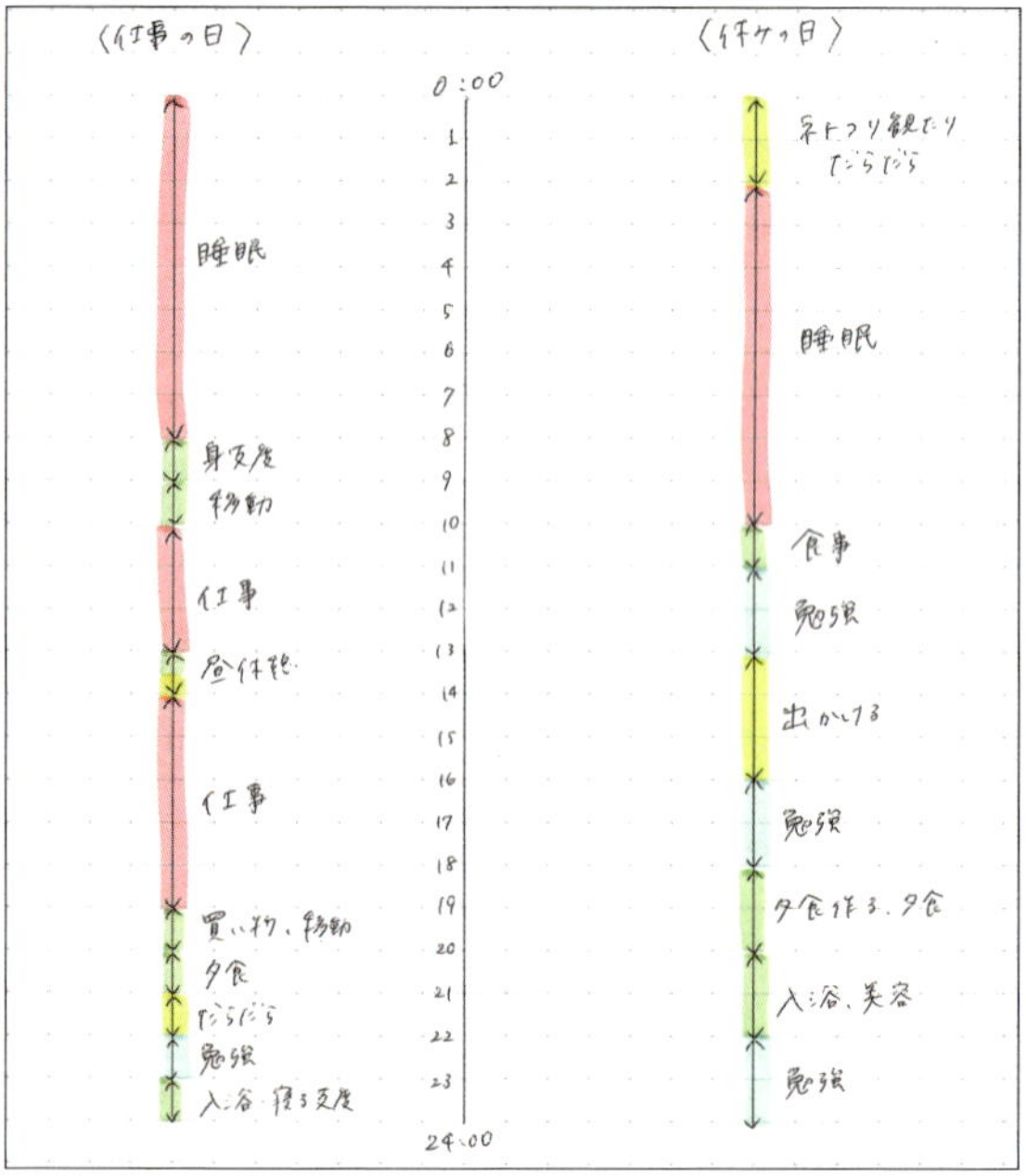
〈仕事の日〉
〈休みの日〉
0:00
24:00
睡眠
身支度
移動
仕事
昼休憩
仕事
買い物、移動
夕食
だらだら
勉強
入浴・寝る支度
ネトフリ観たり
だらだら
睡眠
食事
勉強
出かける
勉強
夕食作る、夕食
入浴、美容
勉強

続いて、**「この時間は絶対に勉強できない」という時間を赤で塗ります**（こちらもマーカーだと塗りやすいと思います）。会社の業務時間（休憩時間は除く）や睡眠時間がこれに当たります。食事や入浴、通勤の時間はあてはまりません。

③色のついていない時間を場合分けし、黄色と緑で塗る

最後に、青も赤も塗られていない時間について、次のように場合分けして塗っていきます。

- 机に向かうことができる時間→黄色で塗る
- 机に向かうことができない時間→緑で塗る

できあがった数直線を見てみてください。「思っていたより黄色や緑の部分があった」という方もいらっしゃるのではないでしょうか。青の部分に加え、この黄色＋緑の部分が勉強に使うことができる時間、なかでも**緑で塗られた細切れになっている部分がスキマ勉強に使える時間ということになります**。

スキマ時間をフル活用するコツ

スキマ時間は長くても15分や30分、短いと1分や2分のこともあります。そんなスキマ時間は、ぼーっとしているとあっという間に過ぎてしまうもの。あらかじめ次のようなことをしておくと、やってきた貴重な時間をフル活用することができます。

時間ごとにやることを決めておく

スキマ時間になにを勉強するかを、普段からしっかり決めておくようにしましょう。

日々のスケジュールが比較的固定されている方の場合は、各スキマ時間の長さが予想しやすいので、「通勤中にはこれをやる」「お昼休憩にはこれをやる」と**タイミング別にやることを考えておく**のがいいでしょう。

一方、スケジュールが流動的だったり、お子さんがいてスキマ時間が読めなかったりする方の場合は、「3分空いたらこれをやる」「15分自由時間ができたらこれをやる」と**時間の長さ別にやることを考えておく**ほうが効率的です。「3分コース」「15分コース」などとコース名をつけて、内容をどこかにメモしておくと楽しいかもしれません。

使うものを事前に準備しておく

スキマ勉強に使うものはあらかじめ準備をしておきましょう。たとえばわたしは混雑した電車内でも勉強できるよう、家で次のような下準備をしていました。

- 通勤中に読みたい参考書のページの写真を撮り、参考書を広げなくてもスマホで読めるようにしておく
- テキストのＫｉｎｄｌｅ版をダウンロードしておき、スマホで読めるようにしておく
- 集中的に覚えたいことだけを１枚のルーズリーフに書き出し、それだけチェックすればいいようにしておく

勉強は工夫次第でどこでも効率的に行うことができます。ぜひいろいろ試してみてくださいね。

⭐ 出先でも取り組みやすい勉強を選ぶ

スキマ時間では机に向かう余裕がないことも多いので、「スキマ時間に適した勉強」を選ぶようにするのがポイントです。

- 使うものがかさばらない
- ペンやノートを使わなくてもできる
- 声を発しなくてもできる

というポイントを満たすものは、どこでも行いやすい勉強といえます。特に出先では、こうした勉強を選んでみてください。

スキマ時間におすすめの勉強

これらのポイントを満たすおすすめの勉強をご紹介します。

★単語や用語の暗記

単語帳や一問一答のテキストはコンパクトなことが多く、どこでも広げやすいのでスキマ勉強におすすめです。それすら広げるのが難しい……というほど混雑した交通機関で移動する場合や、会社でテキストが開きづらいという場合は、その日読みたいページだけ写真を撮ってスマホで見るようにするといいでしょう。

覚えたいことだけをまとめた**暗記ノート**を作っておき、スキマ時間に何度も読み返すというのもおすすめです。

★読み物系の勉強

参考書を読むタイプの勉強も、どこでも行いやすいのでスキマ勉強に向いています。極限までかさばらないようにしたい場合は、紙の参考書を持っていくのではなく、**参考書の写真を撮っておいたり電子書籍を使ったりする**のがいいでしょう。

★スマホアプリを使った勉強

スマホだけで完結できる勉強は、スキマ時間の勉強内容として最適です。

・英単語を出題してくれるアプリ
・自分で単語帳が作れるアプリ
・英会話を聴くことができるアプリ

など、勉強用のスマホアプリはいろいろ出ているので、ご自身の勉強に役立ちそうなものを使ってみるといいと思います。

★動画や音声の教材を使った勉強

動画講義を視聴したり、音声教材を流したりするのもスキマ勉強に適しています。最近はＡｕｄｉｂｌｅなど書籍を読み上げてくれるサービスも充実しているので、ご自身の勉強に関連する内容の書籍を耳から取り入れてみるのもいいでしょう。

既製の音声教材がない場合は、事前に自分でテキストを音読した音声を録音しておき、それを聴き流すという方法もおすすめです。

おすすめの勉強タイミング

スキマ時間をはじめ、社会人が勉強しやすいおすすめタイミングをご紹介します。ご自身の普段のスケジュールと照らし合わせて、ご参考にしていただければと思います。

モーニングタイム（出勤前）

朝は、集中力が高まりやすい人も多い時間帯です。

少し早く起きて勉強してから家を出るのもいいですし、「家で朝活しようとしても起きられない……」という人は、**カフェなどのモーニングサービス**を利用するのも手。

わたしは会社員時代、前日のうちに自宅近くや会社近くのカフェのＷｅｂページを開き、「明日はこのモーニングメニューを食べながら勉強するぞ！」などと気持ちを高めてから寝るようにしていました（食いしん坊作戦！）。

通勤時間や移動時間

会社への行き帰りや取引先などへの移動時間にも勉強することができます。前述の通り、電車やバスの中でも勉強できるようにあらかじめ準備をしておくことが大切です。

仕事のお昼休憩

わたしは会社員時代、お昼の休憩時間を勉強に充てることがよくありました。比較的空いている飲食店に一人で食事に行って、待ち時間に参考書を読んだり、社内の休憩スペースでお弁当を食べながら勉強したりしていました。ラーメン屋さんのように手早く食事を済ませられるお店に行ってから、残りの休憩時間でカフェや公園に寄って勉強するというのもおすすめです。

食事中

食事中の時間は**動画や音声による学習**に向いています。直接的に勉強できる動画や音声（講義動画など）がない場合は、その勉強に関する体験談やルーティンの動画を観てモチベーションを高める時間にするのもおすすめです。

「○○の資格をとるためにしたこと」や「○○試験の勉強ルーティン」、「○○の資格をとってよかったこと」のような動画はＹｏｕＴｕｂｅにいろいろ上がっているので、自分の学習内容に合わせて探してみるのもいいと思います。

入浴中

お風呂に入る時間も、勉強と相性のいいタイミングです。

お風呂では、半身浴をしながら参考書を読んだり、一問一答を解いたりすることができます。わたしはよくお風呂の蓋にタオルを敷き、その上に参考書を置いて読むようにしていました。こうすると参考書が湯船に落ちてしまう心配もないし、手が濡れてしまったときにもすぐにタオルで拭くことができて便利です。

就寝前

寝る前のちょっとした時間も勉強におすすめです。

記憶は眠っている間に整理され、定着するといわれています。眠る前の時間はまさに「記憶のゴールデンタイム」。就寝前の10〜20分くらいの時間には、暗記系の勉強をしたり、その日に勉強したことを軽く復習したりするのがいいでしょう。

金曜・土曜（翌日がお休みの日）の夜

翌日がお休みという日の夜は、遅い時間まで腰を据えて勉強するのもありだと思います。もちろん生活リズムのことを考えると早寝早起きが理想ではありますが、わたし自身は夜型なので夜に根を詰めることもよくあります。

わたしのスケジュール＆タスク管理術

勉強時間を確保するコツについてはここまでお話しした通りですが、最後にわたしが**仕事のスケジュールやタスクを管理するために実践している方法**を少しご紹介したいと思います。

わたしは普段、YouTube・Instagram・X・TikTok・公式LINE・個人ブログ・オフィシャルブログなどの定期的な更新に加え、こうした書籍の執筆や全国の学校・図書館・研修会などでの講演、イベント登壇、学習関係の企画監修、インタビュー取材への対応などを行っています。

一人会社でなんでも自分でこなさないとならないので、忙しい時期はなにがなんだかよくわからなくなります……。

そんななかで、やるべきことを滞りなく終わらせて納期を守ったり、うっかり忘れずに用事に参加したりするためにやっていることが大きく4つあります。

①基本的なスケジュールの管理
②作業スケジュールの管理
③投稿スケジュールの管理
④毎日のToDoの管理

順にご紹介していきますね。

①基本的なスケジュールの管理

メインのスケジュール管理はGoogleカレンダーで行っています。ここで管理しているのは、

- 仕事の用事（打ち合わせやイベントなどの日程）
- 仕事の納期（提出物の締切）
- プライベートの用事（家族や友人との約束、通院予定など）
- 家族や友人の誕生日や記念日

といったもの。仕事の用事のうち、他人が絡まないものは薄紫色、他人が絡むもの（打ち合わせや納期など、もしも忘れてしまうと迷惑がかかるもの）は赤色、そしてプライベートの用事は黄緑色で登録しています。

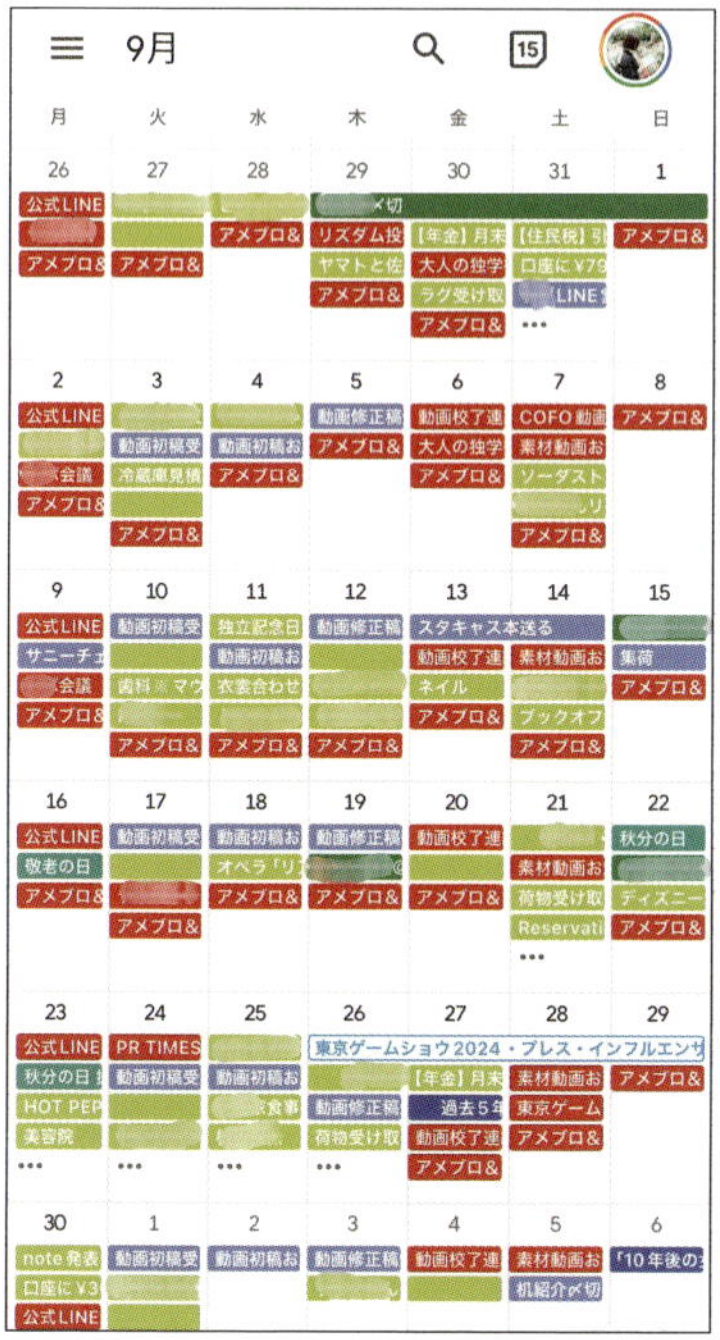

なお、うっかり忘れてしまいそうなものには指定時刻にリマインドの通知が届くように設定しています。

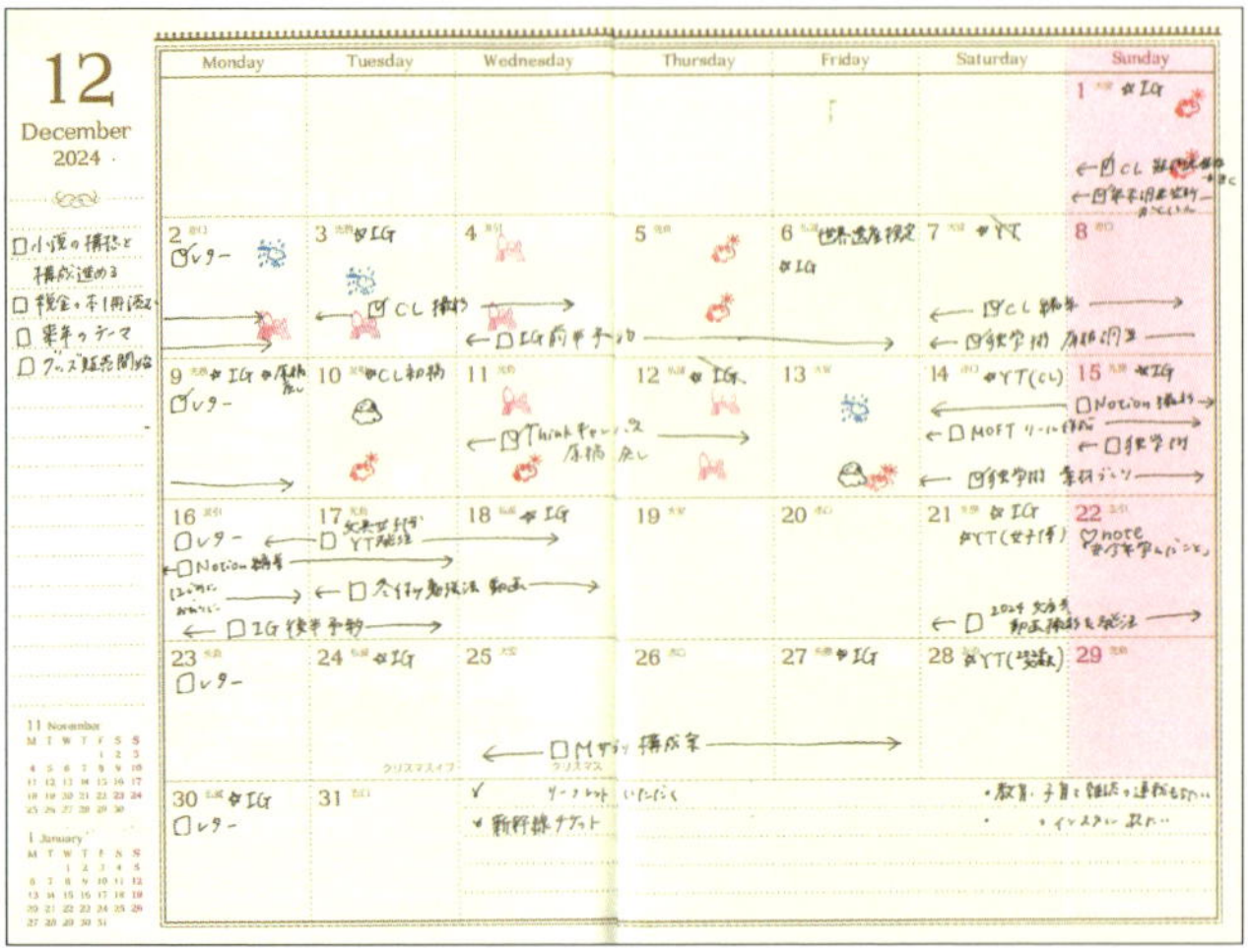

②作業スケジュールの管理

タスクが山積してしまったときだけですが、①のスケジュールを守るための作業期間を確保できるよう、別個でスケジュール管理をすることがあります。これは**紙の手帳のマンスリーページ**を使って行うようにしています。

①のスケジュールは「この日にこれを提出する」「この日にこのイベントに参加する」という【点】の予定ですが、②はそれを実現するための【線】の予定です。ガントチャートの簡易版ともいえるかもしれません。

右のページの写真のように、**タスクごとの着手日と完了日を決め、チェックボックスとタスク名を書いて矢印で予定をおさえます**。同じ日に矢印がたくさん重なってしまうとタスクをこなせなくなることが予想されるので、工夫してなるべく散らすようにしています（限界はありますが……）。終わったらチェックボックスにレ点を入れます。

③投稿スケジュールの管理

わたしはYouTubeをはじめいろいろな媒体でアカウントを運用しているため、頭のなかだけでは「いつ、どのSNSでなんの投稿をするのか」が整理しきれなくなってしまうことがあります。また、なるべく前もって数週間後までの投稿をストックしておきたいので、「何週

間先までコンテンツが制作できているか」を把握しておけるとベストです。

このため、Googleカレンダーとは別に、**コンテンツの投稿スケジュールだけを入力したカレンダーアプリ**を用意しています。時期によって使っているものは違いますが、最近では「もくもくちゃんカレンダー」というかわいらしいデザインのアプリで媒体別に前ページの写真のように色分けして管理しています。

④毎日のToDoの管理

①〜③は主に長期的な視点でのスケジュール管理でした。**これをもとに、毎朝その日のToDo（やること）をリストアップしてタスク管理をしています。**

使っているのは**iPhoneやMacBookにデフォルトで入っているメモアプリ**です。わたしはプライベート用のiPhoneと、仕事用のiPhoneとMacBook Airとを同期して、出先でも作業場でもタスクを追加したり完了したりできるようにしています。

このToDoリストを整理してからその日の仕事を始めるのが毎朝の日課です。締切日が決まっているものには（　）内に日付を書いておき、

・今日絶対にやらなければならないタスク
↓ヨットのマーク（「マストでやる」の意味）
・今日できたらいいな〜というタスク
↓稲のマーク（「できたらいイネ！」の意味）
・タスクではないけれど、やりたいこと
↓魚（鯛のつもり）のマーク（「やりタイ！」の意味）

という絵文字をそれぞれくっつけています（絵文字がついていたほうがなんとなく気分が上がるかなぁという、我ながら子どもだましの作戦です……（笑））。また、毎日やるものにはリピートマークの絵文字をつけ、毎朝タスクに追加するのを忘れないようにしています。（次ページの写真）

今日やること

【仕事】

- ○ 冬休みの勉強法 動画撮影■(稲の絵文字)
- ○ 冬休みの勉強法 編集
- ○ 来週の優先順位について考える■(魚の絵文字)
- ○ 公式LINE対応■(リピートの絵文字)
- ○ 個人LINE 夜の便■(リピートの絵文字)
- ✓ 個人LINE 朝の便■(リピートの絵文字)
- ✓ メール返信■(リピートの絵文字)
- ✓ 公式LINEレター■(ヨットの絵文字)
- ✓ アメブロ更新■(リピートの絵文字)

【プライベート】

- ✓ 昨日のあすけん登録■(リピートの絵文字)
- ✓ モーニングページ書く■(リピートの絵文字)
- ✓ 手帳書く■(リピートの絵文字)

上は仕事のToDo、
下はプライベートのToDoを書いています。

①~④のスケジュール・タスク管理と併せて、わたしは毎日5分程度の時間を使って**一日の振り返り**を手帳に書いています。これに関しては第8章の手帳術のところでご紹介しますので、よければご参考にしていただければと思います。

第3章

大人のための効率勉強法

効率的な勉強法とは？

そもそも、効率的な勉強法とはどういう勉強法のことを指すのでしょうか。いろいろな考え方があると思いますが、わたしは次のように定義しています。

「効率的な勉強法」
＝**無駄な時間や労力を使わず、最短距離で目標を達成できる勉強法**

時間のない社会人の勉強において、無駄を省くことはとても大切。効率を追求し、最短でゴールにたどり着けるようにしていきましょう。

ただし、**どんな勉強法が効率的になるかは人それぞれ**。あくまで**「自分にとって」捗りやすいかどうか**を判断軸にしてくださいね。

効率を上げる5つの掟

①ゴールと現在地の把握から始める

仕事の進行管理などにもいえることですが、**「ゴール」と「現在地」を常に把握することは勉強においても非常に重要なポイントです。**

ゴールは、**「いつまでになにを達成したいか」という目標と期限**です。第1章でお話ししたように、たとえば「来年1月のTOEIC®で900点をとる」「今年9月のFP(ファイナンシャル・プランナー)3級の試験に合格する」といったことですね。勉強のいちばんはじめの段階で設定し、勉強中も常に意識することで達成率が高まります。

現在地は、**「そのゴールに対して、いま自分はどこにいるのか」という進捗率**です。たとえば、「今年7月時点でTOEIC® 830点（あと半年で70点のアップが必要）」「FP3級の全6章のテキストのうち、第4章まで終えた」など。常に自分の現在地を正確に理解しておけば、ゴールを達成するためのスピード調整ができるようになります。

勉強というのは、この「現在地」と「ゴール」の間の距離を埋めることです。まずは両方を正確に把握して、正しい勉強の方向性を定めましょう。

②インプットとアウトプットを往復する

勉強には大きく分けて、次の2つの要素があります。

- **インプット**
  テキストを読んだり授業を受けたりすることで、知識を覚えること
- **アウトプット**
  覚えた知識を使って問題を解くこと

一般的には、「インプット→アウトプット」の順で勉強を進めます。まずは知識を頭に入れ、それをきちんと理解できているかどうかを問題演習やテストを通して確かめる、ということですね。

ここで多くの人が陥《おちい》りがちなミスが、インプットに偏った勉強をしてしまうこと。特に勉強が苦手な人ほど、テキストを読むことばかりに時間を割き、充分な量の問題演習をこなさないで終わってしまう傾向があります。

ですが、じつは**勉強で特に重要なのはアウトプットのほう**。割合としては「インプット3割、アウトプット7割」くらいが目安といわれています。インプットは軽めでもいいのでサクサクと進め、どんどんアウトプットをこなしたほうが効率的です。

ただし、「テキストを読む（インプット）→問題を解く（アウトプット）」だけで終わってしまっては充分な実力はつきません。勉強はただインプットとアウトプットを順にやって終わりではなく、次のような流れで行う必要があります。

①インプット：テキストを読んだり授業を受けたりして知識を覚える
②アウトプット：覚えた知識を使って問題を解く
③再インプット・再アウトプット：②で間違えてしまった問題や怪しかった部分について、テキストなどを見て知識を復習したり、問題を解き直したりする

さらに、③で間違えた問題があった場合、再々インプットや再々アウトプットを行う……というように、**できるようになるまでインプットとアウトプットを往復するというのが勉強の基本**なのです。

③×を濾過《ろか》して○にする

アウトプットのやり方でベースとなるのが、わたしが「○×濾過勉強法《まるばつろかべんきょうほう》」と呼んでいる方法です。あらゆる問題集を解くときに使える方法なので、ぜひ覚えておいていただけたらと思います。

○×濾過勉強法のやり方

1周目：問題集をひと通り解き、合っていた問題に○、間違っていた問題に×、怪しかったものや惜しかったものに△の印をつける（○印はあえてつけなくてもかまいません）

2周目：1周目に×と△の印をつけた問題だけを解き、同様に○×△の印をつける（このとき、1周目とは違う色のペンで印をつけると、いつ間違えた問題なのかがわかりやすくなります）

3周目：2周目に×と△の印をつけた問題だけを解き、同様に○×△の印をつける（このとき、1、2周目とは違う色のペンで印をつけると、いつ間違えた問題なのかがわかりやすくなります）

これを、**×と△の印がつかなくなるまで行う**のが○×濾過勉強法です（１００％完璧にするのが現実的に難しい場合は、目標とする試験に合格できるレベルまでの正答率を目指します）。

「×や△のついた問題＝自分の苦手」がだんだんと濾過されていくように減っていくというわけですね。

④やる気や集中力に頼らず、仕組み化で解決する

「やる気が保てない」「集中力が続かない」といったご相談をよくいただきます。

これは当然のことで、常にやる気がMAX状態でいつでもしっかり集中できますなんて人はそうそういません（わたしもそんな状態になれたことはありません……（笑））。そもそもやる気や集中力には波があるもの。波があるような不確かなものに頼って勉強するのはとても危険です。

勉強をコンスタントに続けるためには、**やる気や集中力がないときでもできるように「仕組み化」する**ことが重要です。

たとえば、

- **あらかじめ1週間分の勉強計画を立てておく**
  ↓毎日勉強する内容に迷わなくなる
- **寝る前に、翌日使う教材を机の上に出しておく**
  ↓自然と勉強タイムに入れる
- **SNSで勉強用アカウントを作って、毎日勉強記録を投稿するルールにする**
  ↓フォロワーさんの目があるのでサボりにくくなる
- **勉強用に月額制のコワーキングスペースを借りておく**
  ↓お金がもったいないのでなるべく毎日通おうとするようになる

といった工夫をすることで、コンディションの波の影響を受けづらくなります。

⑤ごきげんに勉強する

スキルアップや毎日の充実のためにせっかく取り組む勉強の時間が、「つらい」「面倒くさい」となってしまってはもったいないですよね。わたしは**「すべての人にごき**

げんな勉強法を」のコンセプトのもと、楽しく勉強することの大切さを発信しています。

楽しくごきげんに勉強すると気持ちが明るくなるだけでなく、じつは**勉強効率もアップする**ことがわかっています。ポジティブな感情になると脳の海馬からシータ波と呼ばれる脳波が出るのですが、このシータ波が出ているときは海馬の動きが活発化し、頭に入ってきた情報が重要であると判断してくれるのです。**シータ波が出ているときの学習速度は、通常時の2倍から4倍になる**というデータもあるそう。

勉強そのものが楽しい、好きと感じられればベストですが、それが難しい場合は**前向きな気持ちで取り組むだけでも充分**です。もし学習内容そのものに楽しみを見出せなかったとしても、あの手この手で自分のごきげんをとることで勉強を楽しむことはできます。

わたしは学生時代から、好きな飲みものやお菓子を手もとに用意したり、勉強量に応じてごほうびを作ったりして、自分が思わず勉強したくなるような工夫をしていました。

自分のごきげんを上手にとりながら勉強して、気持ちも学習効率もアップさせてしまいましょう。

効率的な暗記方法

大人でもすいすい覚えられる暗記のコツ

特に多くの方が気になるのが「暗記法」ではないかと思います。暗記は、基本となるコツをおさえたうえで自分に合った方法を見つけることで、記憶力に自信のない大人の方でも必ず効率をアップさせることができます。

暗記のやり方にはいろいろなものがあるのですが、どんな方法を選ぶ場合にも共通して意識してほしい5つのコツをご紹介します。

①インパクトを与える

物事を一発で覚えるのに有効なのが、**インパクトを与える**ことです。学生時代、テストでひどく迷ったり結果的に間違えたりした問題ほど、後々もよく覚えていたという経験はありませんか？　これは、焦りや悔しさといった強い感情を伴った出来事は短期記憶ではなく長期記憶に残りやすいからです。

物事は感情に訴えかけ、インパクトを与えることで、1回もしくは少ない回数で覚えることができます。たとえば英単語や年号に変な語呂をつけるというのも一つです。

わたしは本能寺の変が起こった年を覚えるとき、「いちごパンツ（1582）で本能寺の変！」と口に出していました。こんなふうにすると、いちご柄のパンツを穿《は》いた明智光秀が織田信長を討とうとしている印象的な（シュールな？）場面がイメージでき、強いインパクトとともに一発で覚えることができます。

②丸暗記ではなく「理解」を重視する

「子どものころはなんでも丸暗記できたけど、大人になるとそれができない……」と感じている方もいるのではないかと思います。これは、子どもの脳は丸暗記をしやすくなっている一方、大人になると理解をしてから覚える「意味記憶」が優勢になるからだといわれています。

大人の暗記では、子どものころに言葉や九九を覚えたときのような丸暗記の方法ではなく、**「これはどういうことなんだろう?」と考え、理解することで覚えるというのを意識するのが効果的です**。たとえば英単語を覚えるときにはその語源や語根《ごこん》を調べて理解する、法律や制度を覚えるときにはその背景にある事柄を調べて理解する、といったことを心がけてみましょう。

③エピソードを加える

なにかを覚えると脳の海馬に一時的に保管されるのですが、そこから長期記憶の保管庫まで行ける情報は限られています。そんななか、**無条件に長期記憶として保管してもらえるのが「エピソード記憶」**。特に、強い感情を伴う出来事は海馬に重要な情報だと判断され、長期的に記憶されやすいという仕組みがあります。

たとえば、「この英単語を好きな俳優さんがテレビで口にしていてかっこよかった」「この制度を廃止する動きについて新聞で読んで怒りを感じた」「この世界遺産を以前旅行で訪れて感動した」といった出来事は、エピソードとして長期的に記憶されます。なにかを覚えようとするときには、そのことについて調べたり、実際に関係する場所を訪れたり、そのことについて誰かと話したりしてみることが効果的です。

④五感を使う

五感をフル活用して勉強すると内容を覚えやすくなります。五感とは本来、視覚・聴覚・嗅覚・味覚・触覚のことですが、勉強においては次のような動作として応用できるでしょう。

五感を使った学習の例

- 目で見る（読む）
- 手で書く
- 耳で聴く
- 口（声）に出す

このほか、暗記する言葉に振りをつけたり、食品関係の資格勉強なら実際にその食べものや飲みものを口にしてみたりすることも五感を使った学習といえるでしょう。

こうしたことを**組み合わせて行うと、単独で行うよりも記憶に残りやすい**ことが知られています。「声に出して発音しながらスペルを書く」「耳から聴いた音声を真似て声に出す」など、シンプルな方法でいいのでぜひやってみてください。

また、第2章でお話ししたように、**就寝前の時間は記憶のゴールデンタイム**といわれています。暗記系の学習をするときにはこのタイミングを狙うとベターです。

⑤適切なタイミングで復習する

インパクトを与えたり強いエピソードを加えたりすると一発で覚えやすくなりますが、すべての事柄にこうした刺激を与えるのは難しいですよね。そうした場合にどうすればいいかというと、**とにかくくり返す、つまり何度も復習することが大切です。**

復習のやり方にはコツがあります。第一に、**間違えてしまったものや覚えにくいものだけを復習する**こと。はじめから問題なく解けたものについては何度もくり返さなくてかまいません。

もう1つ、**適切なタイミングで復習する**ということもポイントです。「間違えた↓

その場で解き直して終わり」ではなく、「間違えた当日、3日後、1週間後、半月後、1カ月後、3カ月後……」のように、**忘れかけたころに何度も復習する**ことで記憶を定着させる必要があります。

特に社会人の勉強では、「間違えたその日のうち」に復習することが重要。「朝の時間に覚える・解く→間違えたものを通勤時間やランチタイム、スキマ時間に何度も見る→寝る前にもう一度復習する」という流れが理想です。難しい場合は、寝る前に今日勉強したテキストやノートのページをパラパラ見返すだけでもOKです。

「そもそもなかなか覚えられない」というときには**ペンキ塗り法**がおすすめです。

これは、通常なら「1日目は1～10ページ、2日目は11～20ページ、3日目は21～30ページ……」と学習していくところを、「1日目は1～10ページ、2日目は6～15ページ、3日目は11～20ページ……」と**重なりを作りながら進めていく方法**。ペンキも二度塗り、三度塗りしていくことでまんべんなく色付けしていくことができますが、それと同じような要領で着実に記憶を定着させていきます。

おすすめの暗記法

以上のコツをおさえたら、自分に合った暗記法を探して実践していくことが大切です。代表的な暗記法を5つご紹介します。

赤シート暗記法

覚えたいところを赤シートで隠して覚える「赤シート暗記法」は、一度はやったことがあるという方も多いかもしれません。わたしもこれまでにありとあらゆる暗記法を試しましたが、個人的に最も効果を感じているのがこの方法です。

覚えたいところの隠し方は主に2つあります。1つは、オレンジ色もしくは薄いピンク色のペンで覚えたい言葉を書く方法。赤シートをかぶせると、色ペンで書いた文字が見えなくなります。もう1つは、テキストやノートに書いてある文字のうち、覚えたいところに緑色もしくは青色のマーカーを引く方法。赤シートをかぶせると、マーカーで塗りつぶされたところが黒くマスキングされます。

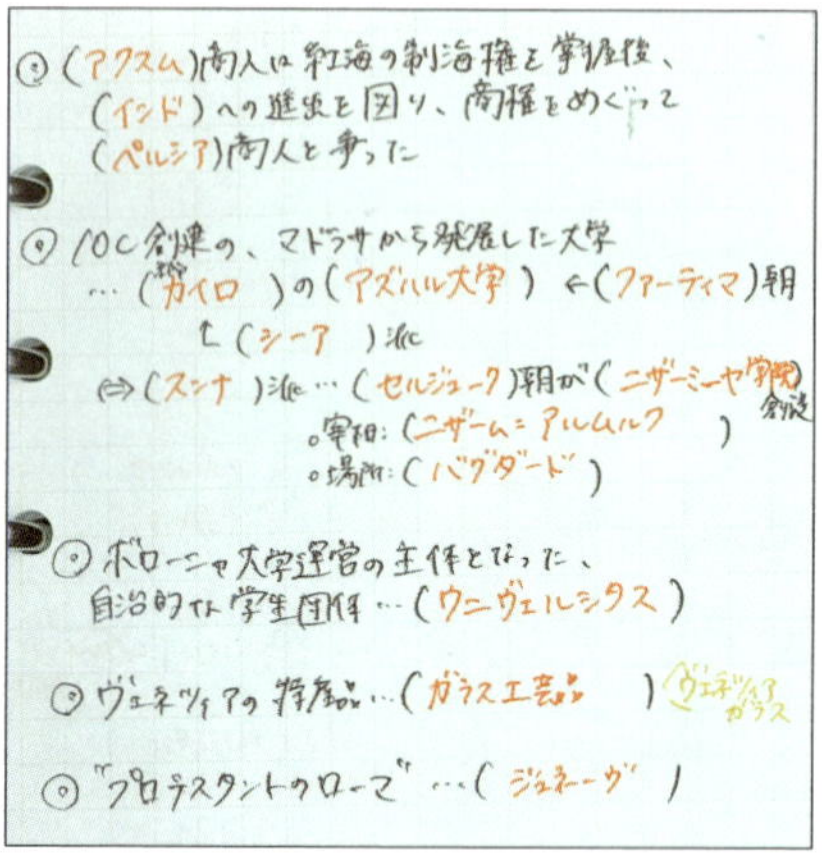

大学受験時の暗記ノート。
覚えたいところをオレンジペンで書き、
赤シートで隠していました。

この方法のいいところは、**クイズ形式でアウトプット学習ができる**点です。普通にテキストやまとめノートを読むだけだと文字が頭のなかを通り抜けてしまい、「なんとなく理解した気になっていたけど問題を出されると答えられない」ということになってしまいがち。一方、赤シート暗記法ならしっかり答えられるかどうかをその都度確かめることができるので、着実に進んでいくことができるのです。

★ 例文暗記法

単語や文法の暗記には、「**例文暗記法**」もおすすめです。これは、**覚えたい単語や文法の入った例文をまるごと覚えてしまう**というもの。単体では単なる文字の羅列に思えて覚えづらいものでも、意味のある例文の形をとると頭に入りやすくなります。

わたしは高校時代、英単語を覚えるのが苦手だったのですが、この方法を取り入れたことで一気にたくさんの英単語を暗記できるようになりました。

英語を例にやり方をご紹介します。まず、「英単語や英文法を例文から覚える」というコンセプトの英単語帳(もしくは1単語につき1文以上の例文が載っている英単語帳)を用意します。次に例文(英語)を声に出して読みながら、日本語の意味を確認します。

これを2~3回行ったら、今度は日本語を見ながら英語で例文書き取りをし、答え合わせをします。慣れてきたら、この書き取りだけをくり返し行えばOKです。

最適な参考書がない場合は、**自分で例文を作って覚える**のもおすすめ。変な文章ほど印象に残って覚えやすくなるので、遊び感覚でやってみるのもいいでしょう。

ちなみにわたしは小学生のとき、漢字テストの対策をしたいという弟に「五秒急ぐ」「病室で泳ぐ」などと謎の例文を出題して覚えさせていました(笑)。

★単語カード暗記法

「**単語カード暗記法**」も、昔からある方法ですがやはり有効です。その名の通り単語カードを使って覚える方法で、語学をはじめ幅広くいろいろなものに使えます。

まず表面に覚えたい単語を書き、裏面にその意味や説明を書きます。そして表面の単語を見たら意味や説明を頭のなかに思い浮かべ、カードをめくって答え合わせをします。

これを何度かくり返したら、今度は裏面の意味や説明を見て単語を答え、カードをめくって答え合わせをします。覚えたカードはどんどん外していき、残りが0枚になるまでこれをくり返します。

★ストーリー暗記法（イメージ暗記法）

物事にイメージをつけることで覚えやすくする「**ストーリー暗記法**」は、丸暗記が難しくなる社会人の学習と相性のいい方法としておすすめです。ほかの暗記法と組み合わせて使うことも可能です。

ストーリーが加わると、物事はエピソード記憶のようにして記憶されるので、単なる丸暗記と比べて長期間覚えやすくなります。歴史や制度の変遷を覚えるときなどには、その出来事の流れを調べてストーリーとして覚えるといいでしょう。

そのようなストーリーがない場合には、**自分で作ってしまう**こともできます。たとえば「太陽は東から昇る」ということを覚えたい場合に、「関東の人は関西の人に比べてせっかちで朝早くから働きたいので、太陽もそれに合わせて東から昇る」と勝手な理屈を作ってしまうような感じです。事実でなくてもかまわないので、イメージしやすいもの、納得しやすいものを考えるのがポイントです。

壁ペタ暗記法

忙しい社会人の勉強では、**日常生活で勉強との接点をどれだけ増やせるか**が重要。そうした意味でおすすめなのが**「壁ペタ暗記法」**です。これは、覚えたいことをメモ用紙やふせんに書いて壁にペタッと貼っておき、覚えたら剥がすという方法です。

日常生活のふとした瞬間に勉強内容を頭に入れることができるので、まとまった時間がとれない人には特に向いています。スマホのメモアプリや自分のアカウントだけを入れたグループＬＩＮＥチャットなどに覚えたいことを書いておき、一日に何度か開いて見返すというふうにしてもいいでしょう。

効率的なノート術

「どうすればノートを効果的に使えるのかわからない」と悩んでしまう方も多いと思います。大人が独学を進めるうえで知っておきたいノート術をご紹介します。

どんなノートが必要？

時間の確保が難しい社会人の勉強では次の2種類のノートをおすすめします。

- **演習ノート**：問題を解くためのノート
- **復習ノート**：間違えたところや覚えたいことをまとめるためのノート

演習ノートの作り方と使い方

演習ノートは、問題集の問題を解いたり、単語のスペルを練習したりするためのアウトプット用ノートです。専用のノートを用意すると「これくらい勉強したんだ」という努力が可視化され、モチベーションにつなげることができます。

問題を解く際に問題文を書き写す必要はありません。答えだけ書いて丸つけをすればOKです。間違えた問題はその場で解き直しを行いましょう。

復習ノートの作り方と使い方

復習ノートは、なかなか覚えられなかったり解けなかったりするものをまとめ、スキマ時間などに何度もふれられるようにするためのインプット用ノートです。このノートで行うことは大きく2つあります。

①なかなか覚えられないことを簡潔にまとめる

1つは、**参考書を読んでもなかなか覚えられない事項や、単語帳や一問一答などでいつも答えられない言葉をまとめる**ことです。自分の苦手だけを集めた**「自分専用の参考書」**を作るようなイメージです。

ポイントは、なんでもかんでもまとめるのではなく、「参考書を読んでも問題集を解いても、どうにも覚えられない……」というものだけをまとめるということです。

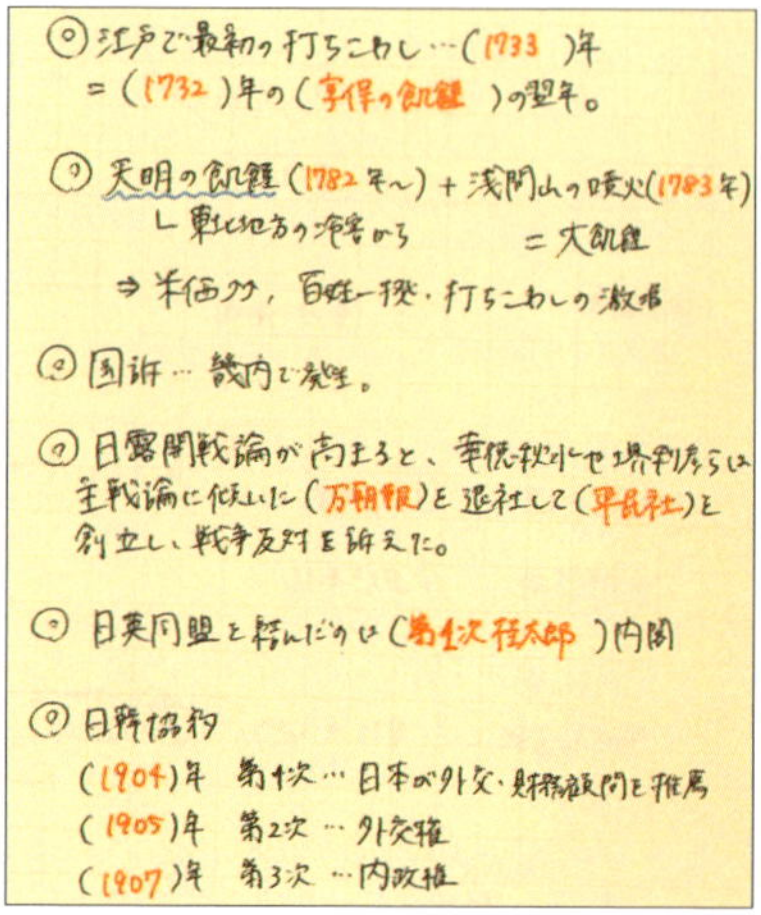
◎江戸で最初の打ちこわし…(1733)年
=(1732)年の(享保の飢饉)の翌年。
◎天明の飢饉(1782年〜)+浅間山の噴火(1783年)
└東北地方の冷害から
=大飢饉
⇒米価↗↗,百姓一揆・打ちこわしの激増
◎国訴…畿内で発生。
◎日露開戦論が高まると、幸徳秋水や堺利彦らは主戦論に傾いた(万朝報)を退社して(平民社)を創立し、戦争反対を訴えた。
◎日英同盟を結んだのは(第1次桂太郎)内閣
◎日韓協約
(1904)年 第1次…日本が外交・財務顧問を推薦
(1905)年 第2次…外交権
(1907)年 第3次…内政権

内容はなるべく簡潔に、時間をかけずにまとめるようにします。上の写真はわたしが大学受験生時代に使っていたノートです。項目ごとに「◎」がついているのですが、1項目あたりの文章量は少なめであるのがわかると思います。

②何度も間違えてしまう問題とその解説をまとめる

もう1つは、**何度解いても間違えてしまう問題とその解答・解説をまとめる**ことです。こちらは「**自分専用の問題集**」を作るようなイメージです。

まず問題を書き写すかコピーをとって貼り、次に正しい解答と解説を書き込みます。解説は自分にとってわかりやすい内容であれば、そこまで詳しくなくてもＯＫです。ここに書いた問題は復習日を決め、何度も解き直すようにしてください。

ただし、この②のやり方は少し時間がかかるので、非重要問題や文章の穴埋め問題であれば①の方式でシンプルにまとめてしまうのもおすすめです。

勉強の際には複数のテキストを使うことがあると思いますが、このままだと復習をしようにも、「あの参考書のここを復習しなきゃ、こっちの問題集はこの問題がまだ解けない……」と参照すべきテキストやページが散らばってしまいますよね。

そんなとき、この復習ノートを作ると、**復習すべき事項や問題が1冊のノートに集約されるので勉強効率を上げることができる**のです。

おすすめ

文房具紹介

勉強の相棒ともいえる「文房具」選びも、効率を上げる大きなカギ。
わたしが日々の勉強に使っているおすすめアイテムをご紹介します。

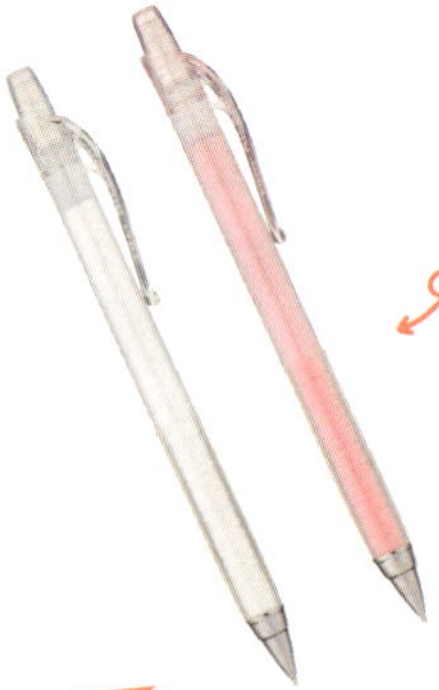

パイロット

エアブラン

淡いパステルカラーが可愛らしいシャーペン。0.3mmと細めの芯でありながらガリガリ感はなく、さらさらとなめらかに書くことができます。わたしは最近いちばんヘビロテしています。お値段もリーズナブルで◎。

ゼブラ

サラサクリップ

その名の通りさらさらとした書き心地が特長のジェルボールペン。カラーバリエーションも豊富で、お気に入りがきっと見つかるはず。わたしは赤シート暗記法を行う際、主に「黄」を使って隠す文字を書いています。

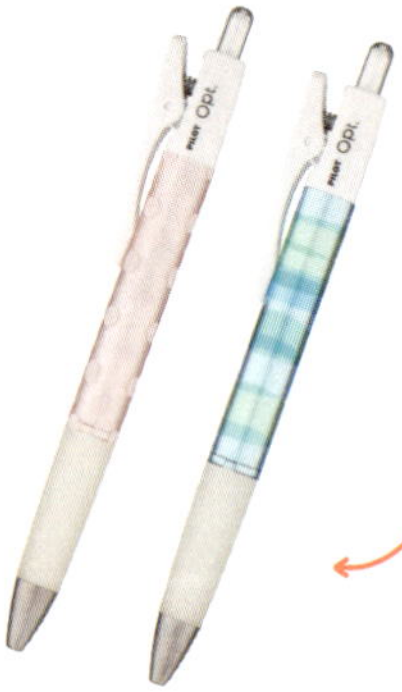

パイロット

オプト

書き心地もコスパも抜群のボールペン。ダマになりにくくすらすらと書け、油性タイプなので上からマーカーを重ねてもにじみません。インキ量が一般的なボールペンより45%も多く、長期間の使用にも適しています。

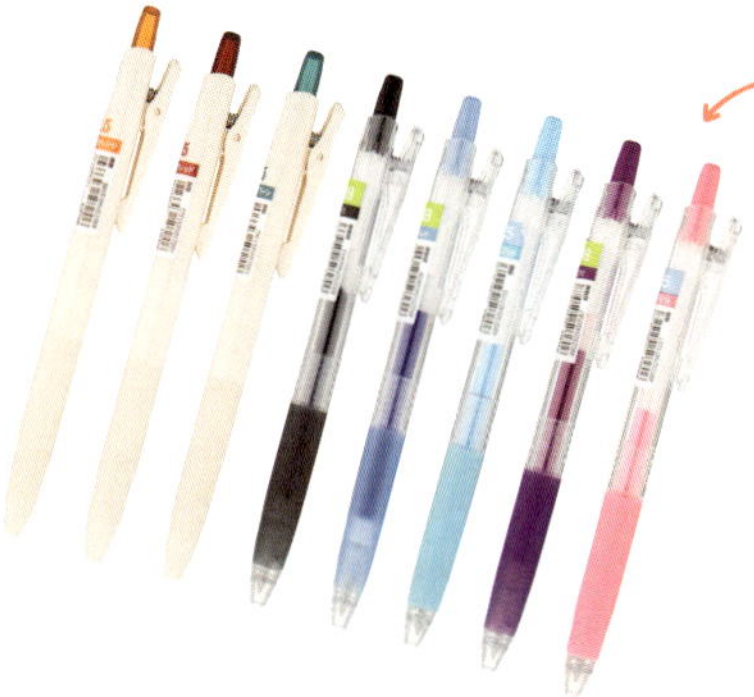

パイロット

ジュース

鮮やかな発色が特長のゲルインキボールペン。定番のカラーをはじめ、メタリックカラーやクラシックカラー、くすみカラーなどの色展開もあるので、使えばノートや手帳を書くのが楽しくなること間違いなし。

ゼブラ

マイルドライナー

目がチカチカしない、おだやかカラーのラインマーカー。全40色のラインナップですが、トーンが揃っているためどのように組み合わせても統一感を出せます。大人っぽいおしゃれなノートに仕上げたい人におすすめ。

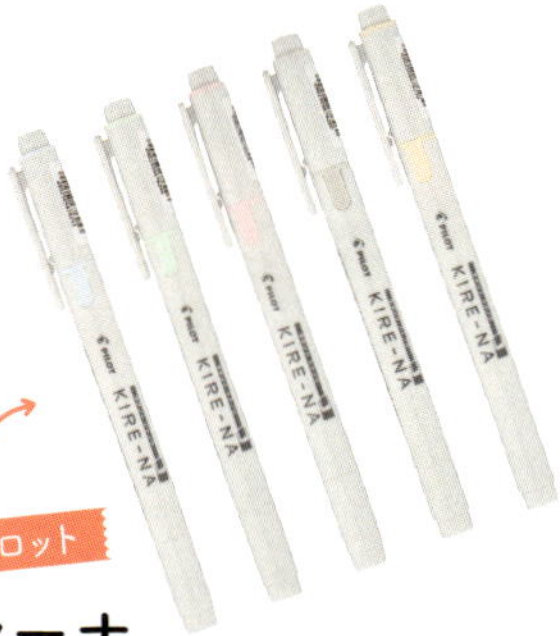

パイロット

キレーナ

しなるペン先と「キチントガイド」の仕掛けによりまっすぐな線が引けたり、速乾性の高いインキでノートやテキストが汚れにくくなっていたりと、蛍光ペンのよくあるストレスをなくす工夫たっぷりのマーカー。

クツワ

風呂単

濡れても使える耐水ペーパーが使用されているため、お風呂でも使うことができる単語カードです。水に濡らすとお風呂の壁に貼り付けることも可能。入浴中の時間を無駄にせず、スキマ勉強に充てることができます。

ソニック

オモクリップ
ブック用 おもさでページキープ!

約100gの重さがあり、厚めの参考書でも開いたまましっかりキープすることができるクリップ。クリアタイプなので文字を隠してしまうこともありません。持ち運びしやすいサイズ感で、出先での使用にもおすすめ。

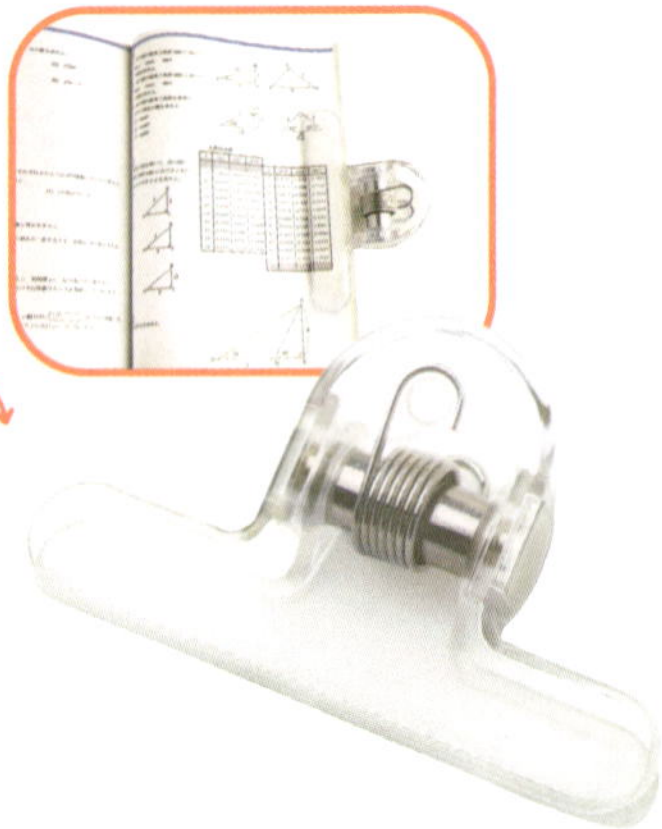

キングジム

学習タイマー ルラップ

学習タイマーは近年様々な商品が出ていますが、こちらは一般的な機能に加え、大問別にかかった時間を計れる「LAPタイム機能」を搭載。時間配分が大切な資格試験の過去問・予想問題演習などに最適です。

ソニック

スティックル タイマー ダイヤル式
持ち運びしやすい勉強用

ダイヤルを回して時間の設定ができる、シンプルで使いやすい学習タイマーです。少し大きめの消しゴムくらいのサイズ感なので、ペンケースに入れて持ち運ぶのもラクラク。色展開も大人っぽくおしゃれです。

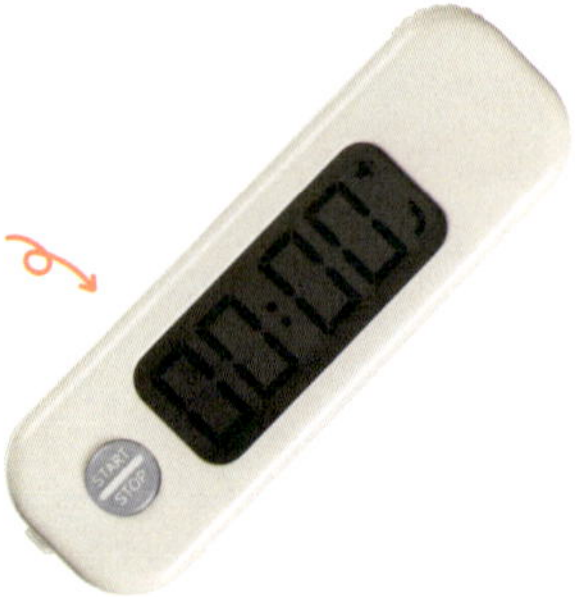

第4章

資格・検定試験の勉強法

基本のステップ

「資格・検定試験を受けたいけど、なにをどう勉強していいかわからない……」というご相談をよくいただきます。まず、資格勉強（本書では資格試験・検定試験の勉強をまとめて「資格勉強」と呼びます）でやるべきことの基本をおさえましょう。

資格勉強でやるべきことの基本

- 参考書を使ったインプット
- 問題集を使ったアウトプット
- 過去問（もしくは予想問題）を使った実戦演習
- 苦手箇所の総ざらい

やるべき勉強内容はこの4つです。ざっくりと、**「参考書で知識をインプットする→問題集を解いてその知識をアウトプットする→過去問で本番レベルに対応する練習を積む→なかなか覚えられない部分を何度も復習して覚える」**という流れを頭に入れておいてください。

実際には、これに加えて試験に関する情報収集や学習のプランニングといった作業が入ってきます。それらを加えた**全7つの勉強ステップ**をご紹介していきますね。

①情報収集をする

最初のステップは**情報収集**です。受験しようとしている資格試験について、まず次のような項目を調べてみてください。インターネットで**【〇〇試験　試験内容】**などと検索すれば見つけることができます。

・級ごとの難易度

級がある場合は級ごとのレベル感を調べ、何級から受験するか検討する（特定の級からしか受験できない試験もあるので、そうしたルールもリサーチする）

・試験形式

マークシート式なのか記述式なのか、実技や面接があるのかどうか、手書きの答案用紙に解答するのかパソコンで解答するのか、試験会場で受けるのか自宅でも受けられるのか、など

・配点

満点となる得点と、（もしわかれば）大問別や分野別の配点

・合格に必要な点数

合格基準となる点数や得点率、順位など

・試験時間

試験の制限時間（「学科と実技がそれぞれ60分ずつ」などあればそれもリサーチする）

・試験の範囲・内容と傾向

出題される範囲（大問）や頻出分野など

調べたことは、ちょっとしたメモ程度でいいので書き出してみましょう。

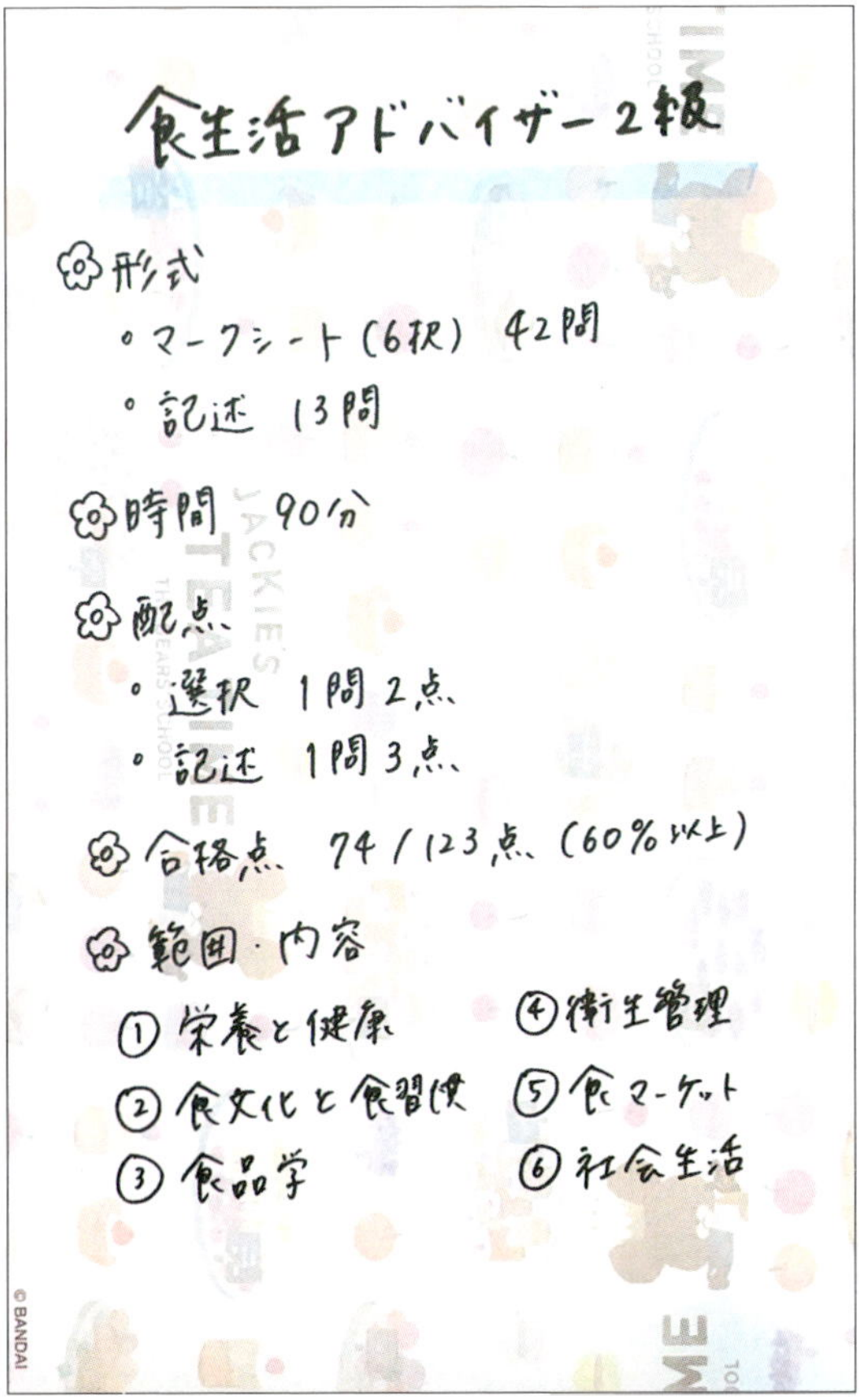

特に重要なのは**合格に必要な点数と配点**、そして**試験形式**です。右の写真はわたしが食生活アドバイザー®２級を受験したときのメモなのですが、これを見ると、

合格するためには正答率60％にあたる74点以上が必要
↓
記述問題は難しそうだけど、マークシートの選択問題で8割とれれば、2点×42問×8割＝67・2点を稼げる
↓
記述問題は残りの7点分とれればいいので、単純計算で13問中3問の正解（3点×3＝9点）で足りる

ということがわかりますよね。こうしたことが把握できると、難しそうに見えた試験の突破口が見えたり、得点の仕方のイメージが湧いたりします。

ただし、公務員試験や士業の資格を目指す試験など、範囲や分野が多岐にわたる資格試験ではより現実に即した対策が必要になります。「この分野の平均点はこれくらいだから、これくらいを目標にしよう」というように、**平均点や合格点を詳しく調べて現実的な目標を立てる**ようにしてください。

次に、**過去問**を1回分見てみます。この時点ではまったく歯が立たないことがほとんどなので、実際に解いてみなくてもかまいません。ひと通り目を通してみて、「こういう形式なんだ」「これくらいのボリュームなんだ」「こんな感じのことが問われるんだ」という感覚をつかんでみてください。

これをしておくと、試験の対策のイメージが湧きやすくなり、その後の勉強効率に大きく影響します。

さらに、**その資格試験の勉強法**も調べておきましょう。**【○○試験　勉強法】**と検索すると、様々な情報がヒットすると思います。以下を目安に、複数の記事に目を通しておきます。なるべく更新日時が新しいものを確認しましょう。

- 大手団体や企業が運営するサイト（資格情報をまとめたサイトや、資格スクールが運営するサイト）のWeb記事：2記事程度
- 個人の体験談が書かれたWeb記事（その試験に合格するためにやったことをまとめた記事）：3記事程度

最近ではYouTubeやInstagram、XといったSNSで詳しい情報がまとめられていることも多いので、併せて参考にするといいでしょう。

これをすることで、その試験に受かるために必要な勉強内容や勉強時間、なんとなくの難易度などがわかります。資格試験の対策は人によって必要な量が異なるのですべての情報を鵜呑《うの》みにするのはNGですが、複数の情報源に共通する内容は参考になる可能性が高いといえます。

②教材を選ぶ

次のステップは**教材選び**。資格試験で使う教材には、大きく分けて3種類あります。

1つ目は、学ぶべき知識をインプットするための「全範囲の参考書」。学校の教科書のように、試験範囲となる内容が網羅的に書かれたものを指します。基本的には「読む」ことがベースとなる教材です。

2つ目は、学んだ知識を使ってアウトプットするための「全範囲の問題集」。ドリルやワークなど、解くべき問題が集められたものを指します。基本的には「解く」ことがベースとなる教材です。過去問題集や予想問題集もこれに含まれます。

3つ目は、その他の「補助教材」。単語力増強のために使う英単語帳や、リスニング力強化のために使うリスニング問題集など、特定の目的や分野に特化した教材です。これは必要がある場合のみ用意することになります。

試験勉強開始の段階で購入するのは、「全範囲の参考書」と「全範囲の問題集」です。これらはこのあとのメイン学習となるステップ④〜⑥で使用します。

では、合格するための教材はどのように選べばいいのでしょうか。「本屋さんでよさそうなものを買えばいいんじゃないの？」と思う方もいるかもしれませんが、残念ながら**フィーリングだけで教材を選ぶと失敗してしまう**こともあります。

わたしが宅浪で東大を受験した際に確立した、正しい教材の選び方をご紹介します（ちなみにわたしは高校時代まではフィーリングで教材を選んでしまい、結果的に大きな失敗をしてしまったことがありました……。冷静な教材選びはとても大切です！）。

正しい教材の選び方

①必要な教材を定義する

「どんな教材が必要か?」を言語化する。最初の段階なら「全範囲を網羅する参考書と問題集を買う」、途中段階で特定の分野の苦手克服をする際なら「英文を読むスピードが遅いから、速読に特化した教材を買う」など

②合格者のおすすめ教材を徹底リサーチする

インターネットなどを使い、その試験に合格した人たちが使っていた教材を調べる。「複数の合格者がおすすめしている教材=合格のための実力がつく教材」といえるので、出てきた教材名をリストアップして候補をしぼる

③候補の教材を書店で比較し、最終決定する

②で候補に挙げた教材を、リアル書店で手に取って確認する。中身を見て、「このレイアウトやデザインなら楽しく勉強できそう!」と感じたものを選ぶ

ちなみにわたしの③での選ぶ基準は、「ほどよく色分けされていてわかりやすい」「重すぎず、持ち運びしやすい」「情報が過不足なく網羅されている」といった感じです。このあたりは好みなので、ご自身がピンとくるものを相棒にすればＯＫです。

なお、「マイナーな資格試験で情報がほとんどない……」という場合は、試験の主催団体から出ている公式の教材を使うのがおすすめです。

注意点

教材はなるべく最新年度のものを購入しましょう。試験によっては、法改正等で問題や正答に影響が出るものもあったり、試験形式が変わっていたりする場合があります。

③計画を立てる

教材を用意したら、次に**勉強計画**を立てます。

まずは**「いつから勉強を始めるか」「どのくらいの期間で勉強をするか」**を考えるといいでしょう。必要な勉強時間は**【○○試験　勉強時間】**などと検索すればいくつかの情報を見つけられますが、実際のところこればかりは試験によってもその人によってもかなり異なります。

ちなみに、わたしのフォロワーさんに答えていただいたアンケート調査では、趣味の延長となるような資格試験や英検®・漢検®等は半月〜2カ月程度、お仕事に直結する資格試験（公務員や士業など）は半年〜数年程度の対策を行ったという方が多くいらっしゃいました。一度なにかの試験を受けてみると、「自分はだいたいこれくらいの時間や期間が必要なんだな」ということがつかめるようになります。

④1周目：参考書でインプット学習、問題集でアウトプット学習を行う

ここからはいよいよ試験勉強スタートです。

まずは用意した「全範囲の参考書」を読んでいきましょう。1周読んだだけですべての用語や流れを覚えるのは不可能なので、この時点では「全部覚えるぞ！」と気負わなくてかまいません。まずは全体のイメージをつかむようにしましょう。

参考書を読んだら、**読んだ単元・範囲の問題を「全範囲の問題集」で解きます。**最初はほとんど×になってしまうかもしれませんが大丈夫です（わたしもいつも問題集の1周目は8割方×です……（笑））。間違えた問題はその場で正しい答えを確認し、簡単に解き直しましょう。

この「参考書を読んで知識をインプット→問題集でその範囲の問題を解いてアウトプット」の流れが基本です。まずは全部の範囲を1周しましょう。1周目をこなすやり方には大きく2つあります。

1つは、参考書をひと通りすべて読み終わってから問題集を解く「全体完成法」です。このやり方のメリットは、先に全体の試験範囲をさらうことができ、試験のイメージが湧きやすくなること。

一方でデメリットは、ひと通り読み終わるまでに時間がかかってしまうと、いざ問題集に移った際「はじめのほうに読んだ部分の記憶がほぼ初期化されてしまっている……」となりがちなことです。**試験範囲が多くないもの（教材が薄いもの）に向いているやり方**といえます。

もう1つは、参考書を1章（または1単元）読み終わるごとに、問題集の該当箇所を解いていく「部分完成法」です。参考書の1章を読む↓問題集の1章を解く↓参考書の2章を読む↓問題集の2章を解く↓……と交互にくり返していきます（好きな章から始めてもかまいません）。

このやり方のメリットは、読んですぐに問題を解くので、インプットした記憶が新しいうちにアウトプットの練習ができること。一方で試験全体の範囲にふれるのに時間がかかるのは、ややデメリットといえます。

時間に余裕があれば、全体完成法と部分完成法のハイブリッドとして「参考書をさらっと最後まで読む→冒頭に戻って、再び参考書の1章を読む→問題集の1章を解く→参考書の2章を読む→問題集の2章を解く→……」と進めるやり方もおすすめです。

逆に極端に時間がないときは、参考書のあとに問題集ではなくいきなり過去問を解くのも手です。ただし、手に入る過去問のストックが少ない場合はこの方法はあまり向きません。実力のないうちに貴重な過去問を消費してしまうことになるからです。

⑤2〜3周目：再アウトプット&再インプット学習を行う

1周目はひと通りの試験範囲と顔合わせをする程度のイメージ。ここからは2〜3周目にかけて、問題をしっかり解けるようにしていきます。

今度は問題集からスタート。**1章もしくは1単元分の問題を解いて再アウトプット**

を行います。解きはじめのページにその日の日付を書き、問題を解いて丸つけをしたら、62ページでご紹介した「○×濾過勉強法」で印をつけます。

×や△がついてしまった問題は、その場で参考書の該当箇所に立ち戻って再インプット。内容が理解できたら次の章または単元に進みます。

最後まで終わったら、また問題集の冒頭に戻って3周目をスタートします。今度は、2周目に×と△の印をつけていた問題だけを解けばOKです。そしてまた同様に印をつけながら問題を解いていきます。2周目と異なる色のペンで印をつければ、どのタイミングで間違えてしまった問題なのかがよくわかります。

3周目を終え、まだ印のつく問題が4割程度以上ある場合は、4周目も同様に行います。印がおおむね3割程度未満になったら、このステップは完了です。

⑥過去問演習を行う

次のステップは**過去問演習**です。過去問題集は実際の試験で出題された問題が集められた、最も良質な問題集といえるもの。これを解くことで自分の実力を正確に把握することができます。

過去問の入手方法は試験によって異なります。市販の過去問題集を購入する、Ｗｅｂサイトからダウンロードする、Ｗｅｂ上で解ける過去問アプリを利用する、などの方法があります。過去問が公開されていない場合は予想問題集や公式問題集を使いましょう。

過去問の使い方としては、まず1セット（1回分）を用意し、本番同様の時間を計って解きます。マークシート式の場合はマークシートを塗る時間も含めて時間内にできるよう練習してください（マークシート式のノートなども販売されています）。**本番に限りなく近い条件で解く**ようにするのがポイントです。

問題を解き終わったら、解答・解説を用意して丸つけをします。配点がわかる場合は得点を計算して書きましょう。細かな配点が不明な場合は、単純計算で全体の問題数に対する正答率を出します。

この得点または正答率と、合格基準の得点または正答率を比較し、どれくらい足り

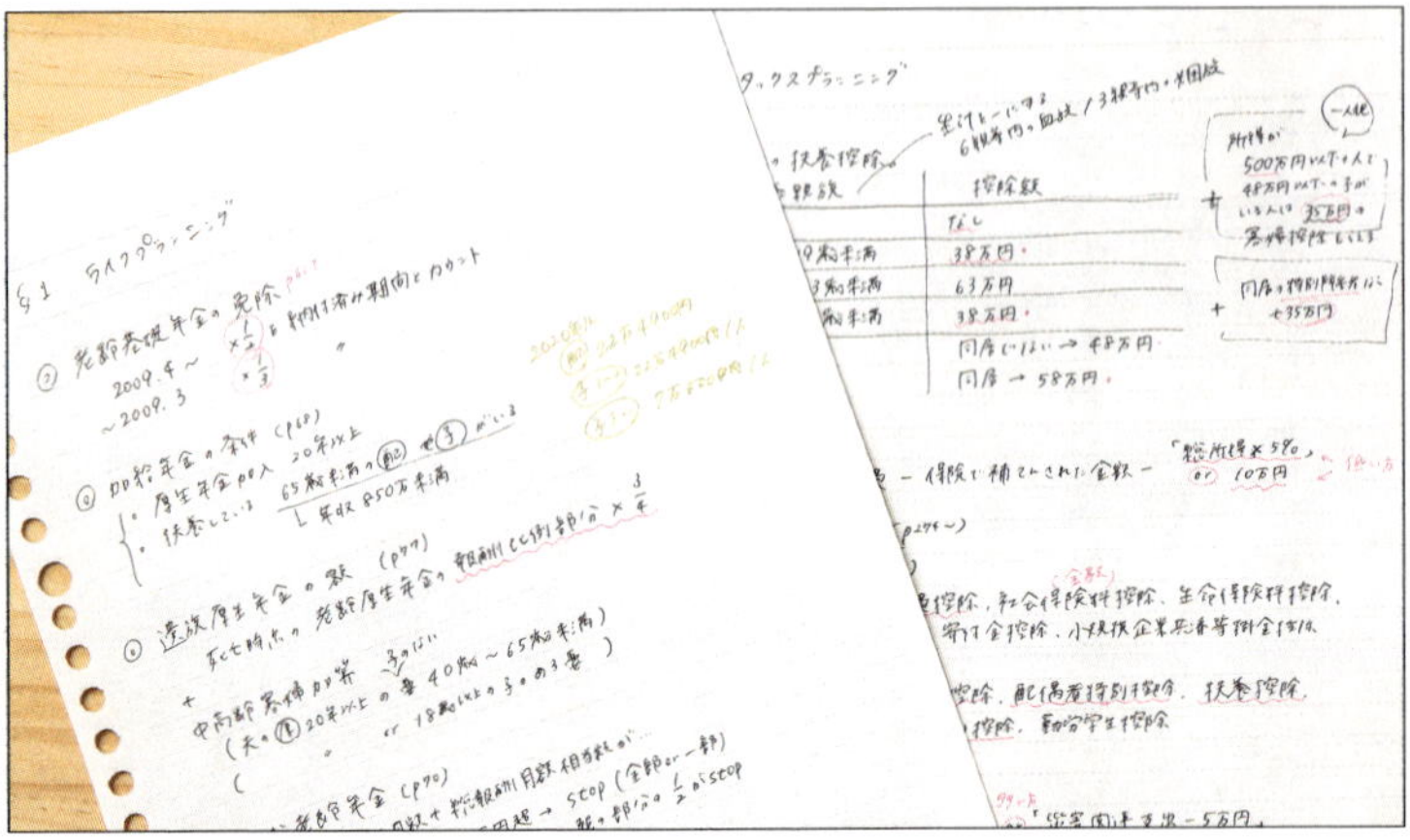

ているか・足りていないかを把握してください。まだ基準に足りていない場合は、その差分が試験日までに伸ばすべき得点ということになります。すでに足りている場合は、より余裕をもって合格できることを目指しましょう。

間違えてしまった問題は必ず復習を行います。いつも間違えてしまうもの、何度確認してもあやふやなものなどは、復習ノートに書くようにします（ノートの作り方は第3章参照）。復習ノートは試験日まで何度も解き直すようにしてください。

過去問を解くべき回数については試験やご

自身のレベルにもよりますが、「合格基準の得点または正答率に最低3回達するまで」くらいを目安にするといいでしょう。

⑦直前暗記リストを作る

最後の最後、試験の3日前~前日・当日の直前期には、**これまで解いたなかで特に苦手なところ・どうしても覚えにくいところだけを抽出**して対策を行います。わたしは右の写真のように、ルーズリーフに覚えたいことを書き出して、試験直前の休み時間までとにかく何度も読みまくるようにしていました。

以上の7ステップが、基本の資格勉強の流れです。

教材は浮気しない

92ページで教材選びのコツをご紹介しましたが、加えて重要なのが**「教材は浮気しないようにする」**ということです。この教材を使う！と一度決めたら、その後別の教材に乗り換えたり、同じような内容の別教材を追加したりすることは基本的に避けてください。

目移りしていろいろな教材に手をつけてしまうと、どの教材も仕上げることができず、結果的に必要な知識がまったく身につかなくなってしまいます。

そうならないためにも、**教材選びの段階で自分なりに徹底的なリサーチを行って、「今回はこの教材と運命を共にする！」と決め切る**ようにしましょう。

アウトプットを重視する

「一生懸命勉強しているのになかなか合格できない……」という人は、学習がインプットに偏ってしまっている可能性があります。参考書を読むことばかりに時間を割いて、問題をくり返し解く時間を充分にとれていない、もしくは問題を解いても丸つけをして終わり（復習が足りていない状態）になっていないでしょうか。

前述のように、効率的に学ぶためには「インプット3割、アウトプット7割」程度の割合を意識することが大切です。インプットしただけでは、その知識を思いどおりに使えるようにはなりません。

実際の試験で試されるのはインプット力ではなく筆記や実技といったアウトプット力なので、そこで実力を発揮できるようにアウトプットの練習をくり返すことが重要です。

勉強計画を立てる段階から、問題集を解くなどのアウトプットの時間を多めにとっておくようにしましょう。

やることを可視化する

慣れない試験に臨むときや短い期間で対策をしなければいけないときって、「どうしよう、なにからやろう」と焦ってしまいますよね。そんなときにおすすめなのが、**やるべきことをシンプルに可視化する**ことです。

たとえばわたしはＦＰ（ファイナンシャル・プランナー）の勉強の際、左の写真のようにやること表を作り、終わったものに「完了」のスタンプを押して管理していました。

縦軸に出題分野を、
横軸にやることを
書いて一覧表に。

語学の勉強法

大人の勉強で特に取り組んでいる方が多いのが、英語をはじめとした語学。最近だと韓国語を勉強している方も増えているようです。

語学の勉強法も基本的にはここまでご紹介したものと同じですが、語学ならではの勉強のステップやコツをいくつかお話しします。

語学の勉強の基本ステップ

①レベルチェックを行う

まずは現在地を把握するため、**いまの自分のレベルを確認**します。

ゴールとする検定試験が決まっている場合は、その**過去問**（なければ予想問題）を解きましょう。このとき、きちんと本番の試験と同じ時間を計って解くようにします。実際に一度試験を受けに行ってしまうのも手です。受ける予定の試験が決まっていない、もしくはない場合は、アプリなどで実力を確認してみるのもいいでしょう。

②4技能の優先順位を考える

語学の習得には、大きく4つの技能が必要とされます。

- Reading／リーディング（読む力）
- Listening／リスニング（聴く力）
- Writing／ライティング（書く力）
- Speaking／スピーキング（話す力）

このうちどの技能を特に磨きたいのか、優先順位を検討しましょう。たとえばTOEIC® Listening & Reading Testを受けるならリスニングとリーディングを、英会話ができるようになりたいならスピーキングとリスニングを優先的に勉強する、などです。

③磨きたい技能に合わせたプランを立てる

磨きたい技能が決まったら、それに合わせた学習プランを立てます。

・目標はどうするか

例：来年9月のTOEIC® Listening & Reading Testで800点をとる

・使う教材はどうするか

例：公式問題集3冊、『TOEIC® L & R TEST 出る単特急 金のフレーズ』（朝日新聞出版）や『TOEIC®テスト 新形式精選模試 リスニング』（ジャパンタイムズ）を使う

・どのような方法で勉強するか

例：毎朝英単語帳を15分やる、年が明けたらリスニング対策を始める、最後の1カ月に公式問題集を解く

といったように、これからの戦略を練りましょう。やり方は資格試験全体の基本ステップ（86〜103ページ）でご紹介した方法を参考にしてくださいね。

語学の勉強のコツ

全技能共通のコツ

4技能すべてに共通して意識すべきポイントが3つあります。

①単語と文法がすべての基本

どの技能を磨く場合も、**語学のベースはすべて「単語」と「文法」です**。知らない単語や文法は、読み取ることも聴き取ることも書くことも話すこともできません。

いきなり「長文読解問題集」や「リスニング問題集」といったものに取り組むのではなく、まずは単語帳（もしくは単語のアプリ）と文法テキストを使った勉強を行いましょう。

②お手本の発音を真似して学ぶ

単語の発音や文章の抑揚の感覚が身につくと、言語の習得スピードがアップします。単語を勉強するときには必ずそのお手本の発音を聴いて真似する、長文を勉強するときにはその読み上げ音声を聴いて一緒に音読する、といったことが効果的です。

③短時間でも毎日その言語にふれる

語学は勉強の間隔を空けてしまうと勘が鈍りやすいため、**短時間でもいいのでなるべく毎日その言語にふれるようにしておく**のがおすすめです。テキストを広げる時間がない日は、ＹｏｕＴｕｂｅやＰｏｄｃａｓｔなどでその言語の音声を聴き流すのもいいでしょう。

★技能別のコツ

Ｒｅａｄｉｎｇ／リーディング

リーディングの勉強では、読み方のコツをつかんでいく必要があります。次のようなことを意識すると効果的です。

・日本語に訳さず原文のまま理解する
頭のなかでいちいち日本語に変換して理解しようとするのではなく、原文を原文のまま理解するように意識する（たとえばｌｉｆｅという単語を見たときに、「人生かな？　生活かな？　生命かな？」と考えるのではなく「ｌｉｆｅということだな」と捉えられるようにする）

・スラッシュリーディングをする
慣れないうちは文節で区切って読むことで意味をとりやすくする

・パラグラフリーディングをする
段落ごとに筆者の主張や物語の筋を読み取る（特に最初の一文と最後の一文に注目する）

また、問題の復習をする際には**文章の音読**を数回行い（読み上げ音声がある場合にはそれも聴く）、**知らなかった単語や文法はチェックして復習ノートにまとめておく**のが効果的です。

Listening／リスニング

リスニング力を磨くために大切なのは、じつはリーディングの勉強です。というのも、リスニング力の前提となるのは「単語・熟語の知識」「文法・構文の知識」「英語長文の一般的な構造への慣れ」といった要素だからです。**まずはリーディングの勉強をしっかり行うようにしましょう。**

リスニングに特化した勉強法としては、聞こえた音声を即座に復唱する「シャドーイング」と、聞こえた音声を書き取る「ディクテーション」がおすすめ。**特にディクテーションはわたし自身が英語リスニングの勉強で最も効果を感じた方法です。**

何度も巻き戻ししながら聞こえた音声すべてを書き取り（わたしは慣れないうちは4分程度の英文を書き取るのに1時間くらいかかりましたが、最終的には30～40分でできるようになりました）、終わったらスクリプトと見比べて確認します。

これを何度もくり返していると音のつながりなどにも慣れるので、文章を正確に聴き取ることができるようになっていきます。

Writing／ライティング

語学の「作文」は「借文《しゃくぶん》」である、とよくいわれます。これは、**ゼロから自分で外国語の文章を考えるよりも、例文をたくさんストックしておいてアレンジして使うほうが自然な文章を作れる**ということです。

わたしも英作文の対策にあたっては、例文をまるごと数百個覚えておき、それを応用して組み合わせることで減点されない文章を作るようにしていました。**例文がたくさん載っている英単語帳・英熟語帳などを使用し、なるべく多くの文章をストックしておく**ことが大切です。

また、作文は必ず誰かに添削してもらってください。自分の文章のミスや不自然な部分は自分では気づけないことがほとんどなので、プロに見てもらうことが大切です。「ココナラ」などのスキルシェアサービスを使うのもいいでしょう。

Speaking／スピーキング

他言語を話せるようになるためには、アウトプットをする、つまり**実際にたくさん**

話してみることが必要です。会話レッスンのスクールに通う、オンラインでレッスンを受けるといった方法が特に効果的ですが、始めたばかりで自信がないうちは**スマートフォンのアプリ**を活用するのもおすすめです。

ＡＩを搭載したアプリできちんと発音や表現を修正してくれるものもあるので、人間相手に話すのが恥ずかしい場合はこうしたものを使うのもいいでしょう。

また、会話をするには当然相手の言葉も聴き取れなくてはなりません。話す練習と併せて、**リスニングの勉強**もしっかり行うようにしましょう。

わたしのワーキングホリデー挑戦記

わたしは大学生のときに、カナダ・バンクーバーでのワーキングホリデー（通称ワーホリ）に挑戦しました。そのときのお話を少ししてみたいと思います。

大学を休学してワーホリに挑戦した理由

ワーホリというのは、18歳〜30歳の人が海外で働きながら約1年間滞在できる制度のこと。日本が協定を結んでいる国は2025年1月現在30カ国あり、英語圏だとオーストラリアやカナダ、ニュージーランド、アイルランド、それ以外だと韓国などが特に人気です（最近だとフィンランドに行った方のお話もちょこちょこ耳にします）。

大学生が長期間海外に滞在するといえば、王道は留学。大学を通した交換留学や私費での語学留学などをイメージする方が多いと思います。

わたしもはじめは学部の交換留学を希望していました。ですが、あろうことか学部への申し込み手続きの期限を勘違いしてしまい、手続きができず……。半年後にもう一度チャレンジするという選択肢もあったのですが、そこで一度立ち止まって考えてみたのです。

わたしは本当に海外の大学で学問を修めたいのだろうか？

考えた末に気づいたのは、**わたしが得たいのは「外国の大学でアカデミックな勉強をする経験」ではなく、「海外での生活体験を積むこと」**だということでした。言葉も経歴も通用しない、知り合いすらいない場所で、たくましく生活してみたい。

そう思ったときに、現地で仕事をして稼ぎを得ながら滞在できるワーキングホリデーという制度は、自分にぴったりの方法だと思いました。

ワーホリは大学の制度ではないので、挑戦する場合はその間大学に通うことができなくなります。1年浪人しているわたしにとって休学でもう1年遅れをとることはすごく不安でしたが、就活支援のキャリアセンターに相談したりいろいろ情報収集をしたりして、最終的には「いま挑戦しなかったらきっと後悔する！」と腹をくくることができました。

★わたしのワーホリスケジュール

ワーホリは勉強・仕事・観光、なにをしてもいいという自由な制度ですが、おおむね「はじめの3カ月〜半年ほど語学学校に通い、残りの期間は仕事をしたり旅行をしたりする」という過ごし方がスタンダードかと思います。

わたしの場合は、大学3年の修了と同時に飛んでいたこともあり、就活のために早めの帰国をする予定でいました。そのため、限られた時間で様々な体験ができるよう、スケジュールをやや詰め気味にしていました。

わたしのワーホリスケジュール（2017年に渡航）

3月初頭〜4月半ば：ホームステイをしながら語学学校へ

↓

4月半ば〜10月初頭：ルームシェアをしながら仕事に明け暮れる

↓

10月上旬：日本から招いた両親と3日ほど旅行し、一緒に帰国語学学校は韓国人・ブラジル人・日本人が多い学校でしたが、日本人同士で群れることなくいろいろな国籍の人と話すように心がけていました。

仕事探しは語学学校に通いながら進めていました。レジュメ（履歴書）と職務経歴書を英語で作成してネイティブの先生に添削していただき、それをいろいろなところに配りました。いくつかの仕事を経験しましたが、メインで取り組んだのは**留学エージェント**と**観光地のジェラートカフェ**の仕事です。

日本人のワーホリあるあるとして、現地の日本食レストランでの仕事を選び、ほとんど日本人としか仕事をせずに英語力が伸びきらずに終わってしまう……というものがあります。

もちろんそれが悪いわけではないのですが、わたしは「言葉が通じない地での生活体験を積む」ことを主眼に置いていたので、**日本人以外の方とのコミュニケーションがメインとなる仕事**をしたい、できれば飲食や販売といった定型文のやりとりが多くなる仕事ではなく**オフィス系の仕事**に就きたいと考えていました。

ですが、ワーホリで滞在している日本人がオフィス系の仕事を獲得するのは至難の業。募集条件を見ても社会人歴や英語のスコアの条件が厳しいことが多く、まだ高い英語スコアも社会人経験ももっていなかった大学生のわたしには条件を満たせる求人がほとんどありませんでした。

ただ、そんなことを言っていたら希望どおりの仕事に就くことはできません。旅の恥はかき捨て！とばかりに、わたしは図々しく条件を無視して熱意で自己アピール。結果、留学エージェントのアシスタントのお仕事をいただくことができたのでした。

安定して稼ぎを得たかったので、その後ジェラートカフェのバリスタのお仕事も掛け持ちすることにしました。

☆ ワーホリに挑戦してよかったこと

ワーホリに行ってよかったことはいろいろありますが、いちばんは度胸がついたことです。なんの後ろ盾もない外国の地で、曲がりなりにも自分の力で生活ができたこと。それはとても自信になり、これから先の人生でもなんとかやっていけるだろうと思うことができました。

また、英語力も上げることができました。ワーホリでは語学力が上がらない人もいるといわれますが、わたしの場合は仕事で一定レベルの英語のスキルが必要だったこともあり、勉強をがんばるモチベーションにできたのがよかったように思います。

事業者の方と話したりメールのやりとりをする機会もあったので、カジュアルな英語だけでなくビジネス英語も身につけることができました(現地にいる間もKindleでビジネス英語の本を読むなどして勉強していました)。渡航前に最後に受けたTOEIC®のスコアは735点だったのですが、帰国直後のスコアは905点までアップしていました。

留学やワーホリで英語力を上げるためには、**意志と環境**が大切だと思います。つまり、「わたしはなんとなく海外を楽しみに来たわけじゃないんだ、スキルを上げるために来たんだ!」という強い意志を日々確認し、それを保てるような環境を作るということです。

わたしの場合は**「大学に通いながらアルバイトを5個掛け持ちしてがんばって用意したお金で来たんだ、もったいないからちゃんと活かすぞ!」**という貧乏根性でがんばれたというのもあったかもしれません。

わたしの勉強実例

ご参考までに、わたしが資格試験を受ける際に使っていた教材と勉強法を簡単にご紹介します（いずれも合格しました）。

FP（ファイナンシャル・プランナー）3級、2級

・使っていた教材（3級、2級ともに同じシリーズの教材を使っていたので、ここでは2級バージョンのものをご紹介します）

『うかる！ FP2級・AFP 王道テキスト』（日本経済新聞出版）
『うかる！ FP2級・AFP 王道問題集』（日本経済新聞出版）
「FP2級過去問道場」（Webサイト）

・勉強法
『～王道テキスト』を読む→『～王道問題集』を解く→「～過去問道場」を使い、間違えた問題をくり返し解き直す→最後まで覚えられなかったものを直前暗記リストに転記して詰め込む

漢字検定 準2級、2級、準1級

・使っていた教材
『漢検 漢字学習ステップ』シリーズ（日本漢字能力検定協会）：2級まで　※準1級および1級バージョンは販売されていません
『漢検 分野別 精選演習』（日本漢字能力検定協会）：準1級
『漢検 過去問題集』シリーズ（日本漢字能力検定協会）：すべての級

・勉強法
『～ステップ』または『～精選演習』でインプットとアウトプットを行う→『～過去問題集』を数回分解く

TOEIC®（905点を取得）

・使っていた教材

『公式TOEIC® Listening & Reading 問題集』シリーズ（国際ビジネスコミュニケーション協会）：公式問題集。受験当時の最新のものを使用

『DUO3・0』（アイピーシー）：英単語・英熟語・英文法の復習に

・勉強法

公式問題集を1〜2冊（試験2〜4回分の問題）解く&併行して『DUO』で単語や熟語、文法知識をおさらいする

食生活アドバイザー® 2級

・使っていた教材

『［公式］食生活アドバイザー® テキスト&問題集 2級』（日本能率協会マネジメン

トセンター)

『食生活アドバイザー®検定試験 科目別過去問題集 2級』(検定事務局からの限定で販売されているもの)

・勉強法

『〜テキスト&問題集』(といっても問題は少なめで、ほぼ参考書)の参考書部分を読む→同書の問題集部分を解く→再度、同書の参考書部分を読む→『〜科目別過去問題集』を解く→覚えていないところをルーズリーフに書き出し、3回程度解く→『〜テキスト&問題集』の問題集部分、『〜科目別過去問題集』を再度ひと通り解く→ルーズリーフを見直す

第5章

仕事の勉強法

基本のステップ

新しいプロジェクトが始まるときや役職・部署が変わるとき、あるいは転職するときなど、お仕事で勉強が必要になる機会もありますよね。わたしも会社員時代に営業やWebマーケティングについて勉強したり、フリーランスになってからSNSやコピーライティングについて学んだりしてきました。

社内で決まった勉強カリキュラムなどが用意されていない場合に、おすすめの勉強のステップをご紹介します。

①勉強が必要な分野を定義する

「仕事ができるようになりたい」「営業成績を上げたい」のような漠然とした目標だ

と、なにを勉強していいかわからなくなってしまいますよね。まずは**いまの自分に足りていない要素を整理して、勉強が必要となる分野を具体的に定義する**ことが大切です。

たとえば、

- お客様の自宅を訪ねる営業の仕事を始めたので、**個人営業のノウハウ**を学びたい
- マネージャー職に昇進して部下ができたので、**マネージメントの基礎**を学びたい
- SNS運用を担当しているが目標数字になかなか達しないので、**SNSでフォロワー数を増やす方法**を学びたい

といったイメージです。

②本を2～3冊読んで基本的な知識を得る

分野によって勉強の仕方はいろいろあると思いますが、最もベーシックでおすすめの方法は**本を読む**ことです。

本のいいところは、ある分野やテーマについて順を追って無駄なく学ぶことができる点。YouTubeの動画やWebの記事などもいいのですが、そうしたものだとどうしても情報が断片的になってしまいがちです。

一方、書籍であれば冒頭から読んでいくことである程度**体系的に学ぶことが可能**。校閲や校正、様々な人の確認が入ってからリリースされているので、**情報の正確性が高い**こともメリットといえます。

わたしは仕事の勉強で本を読むときは、**「基礎編の本、王道の本を1～2冊→そこからより深めてみたいと思ったテーマについての応用編の本を2～3冊」**のような順で読書リストを組んでいます。

③さらに必要があれば実践的な学習にチャレンジする

読書で知識を入れるだけでは足りないな、実際に練習してみたほうがいいなと感じる場合は、**アウトプットの機会**を自分で設けるといいでしょう。

たとえばわたしは会社員時代、自社サービスのWebサイトの大幅リニューアルプロジェクトを担当するにあたり、WordPress（ワードプレス）というソフトウェアの勉強を始めました。ですが、こうしたソフトウェア系の勉強は、本で理屈だけわかっても仕事に活かせるスキルにはなかなかならないもの。

そこで練習も兼ねて、自分が当時書いていたブログをWordPressに移行することにしました。一からWordPressを扱うのは大変でしたが、おかげでその後のお仕事では大きな苦労をしなくて済みました。

このように、**実践的な学習ができる機会を自分で作り出してみる**と大きな学びにつながります。

勉強のコツ

仕事の勉強を独学で行う場合のコツを3つご紹介します。

全体→部分の順で勉強する

特に新しい分野を一から勉強する場合には、**「全体→部分」**や**「基礎→応用」の順でだんだんと解像度を上げるようにして勉強する**のが効率的です。

いきなりテクニック論を学ぶのではなく、概論や基本のキから始めたほうが結果的に近道になります。

関連する資格試験や検定試験があれば積極的に取り組んでみる

会社から特に指示を受けていなくても、関連する資格試験・検定試験がある場合はぜひそれを目指してみましょう。

資格試験のよさは、その試験に合格するための勉強をすればその物事についてある程度網羅的・体系的に学べるという点にもあります。 また、試験対策のための教材が販売されていることが大半なので、「なにを勉強していいかわからない」ということも防げます。

わたしは会社員時代にFP（ファイナンシャル・プランナー）の3級を取得したのですが、これは当時遺産相続に関する仕事をしていたため、試験範囲に相続や事業承継、不動産が入っているFPの勉強をしてみようと考えたのがきっかけでした。

結果、本を読んでぼんやりと理解していた知識が資格試験の勉強をすることで整理され、実践的に役立つものになりました（その後個人的にお金の知識全般を増やしたくなったので、会社退職後に趣味として2級を取得しました）。

社内の人にシェアする

「いまこれについて勉強しているんです」ということを、社内のメンバーにぜひシェアしてみてください。

おそらくその分野について自身より詳しい方々がいるはずですから、「それについて学ぶならこの本がいいよ」と教えてもらえたり、「わからないところがあったら教えるよ」とサポートしてもらえたりするかもしれません。

わたしもなにか仕事で勉強を始めるときは、その分野について詳しい方に**「どうやって勉強したらいいでしょうか」「おすすめの勉強法や本はありますか」**となるべく相談するようにしています。

あるいは、勉強しているということを伝えることで、「自分もそれについて勉強したいと思っていた！」というメンバーを見つけられることもあるでしょう。社会人の勉強では仲間を作れたほうが学習モチベーションを継続しやすいので、そうした相手と勉強会を開くのもいいと思います。

わたしのフリーランス挑戦記

2020年6月、当時社会人2年目のわたしは一人で頭を抱えていました。

数カ月前に出来心で始めた勉強法紹介のYouTubeがたまたま大きな反響をいただき、もっともっとがんばりたいと思うようになっていた時期でした。でも、ちょうど会社で担当している事業がどんどん上向いてきたころでもあって、仕事はそれなりに忙しくて。仕事の合間を縫って動画を撮ったり編集したりフォロワーさんの相談に答えたりするのには、そろそろ限界を感じていました。

会社の仕事を辞めて、情報発信に専念できたら。一度そう思ってしまうとその考えは止まらなくて、独立するか会社に留まるか、毎日病みそうなほど迷いました。そのときの日記にはこんなことを書いています。

決してネガティブな理由で会社を離れることを考えはじめたわけではないのに、気づいたら会社にいると涙がわいてきたり、むなしくて足をくじきそうになったりする。

本業の仕事が忙しくて、平日は動けないんです。なんて、言いたくない。自分の10割のリソースを〝本業〟以外に割いたら、いったいどこまでいけるんだろう。全然だめなのかもしれない。でも、やってみたい、と思ってしまった、どうしても。

誰でもできる仕事を、誰にも感謝されたり褒められたりせずに続けるよりも、自分という個人にひもづいてなにか価値を提供してみたいと思ってしまった。それはおこがましいだろうか。早すぎるだろうか。

正解なんてわからないし、たぶん誰に訊いても無駄なんだろうけど、どうしよう、このままじゃいられないよ。でもお金もライフプランもないの。わたしはやっていけるんだろうか。

専門スキルも資格もお金もこれからの目論見もなくて、だけど「みんながごきげんに勉強するためのメソッドを、わたしはもっている」という確信だけはありました。ただ、月に10万円も稼げていない仕事でこの先やっていける自信は、まだありませんでした。

最終的に独立すると決めることができた理由は2つあります。1つは、**お金のシミュレーション**をして、数カ月は生き延びられると判断できたこと。もう1つは、前職の仕事や大学時代からお付き合いのあった会社など、**2〜3社のお仕事を副業として受けられることになった**こと。その後4カ月ほどで本業が忙しくなって副業は終えることになりましたが、いまでもこのときのみなさまには本当に感謝しています。

上手くいく保証はなかったし、数カ月で尻尾を巻いて逃げなければならなくなることもあると思っていました。だけど、覚悟を決めて挑戦すれば、たとえ失敗したとしてもそんな自分を笑ってあげられる。意を決して上長に決意を伝え、いろいろな方と話し合った末に退職が決定しました。コロナ禍が始まって最初の夏のことでした。

わたしが副業から本業にしたのは、この勉強法デザイナーの仕事（勉強法やノート術に関する情報発信業）です。いまはこうした本の執筆や講演、文房具プロデュースなどもしていますが、独立当初は主に**YouTubeやInstagramをはじめとしたSNSと個人ブログでの情報発信**を行っていました。

YouTubeの長尺動画やInstagramの文字入れ投稿、TikTokの縦型動画など、コンテンツづくりはすべて独学でした。もともとわたしはSNSを使ったことがほとんどなかったので、最初はいろいろな方の投稿を見て研究と実践を重ねる毎日でした。

YouTubeの動画編集をどのように勉強したか質問していただくことがあるのですが、これも見よう見まねで勉強しました。はじめはMacBookにデフォルトで入っている無料ソフト・iMovie（アイムービー）を使って、ずいぶんな素人編集の動画を作ったり。途中でさすがにこれじゃ本格的な動画は作れないという結論に至り、有料のAdobe（アドビ）プレミアプロというソフトに乗り換えました。

プレミアプロは多くの有名ＹｏｕＴｕｂｅｒさんが使っていると知って選んだのですが、機能がとても多くてはじめはすごく戸惑いました。**【プレミアプロ　初期設定】【プレミアプロ　使い方】**などとＹｏｕＴｕｂｅで検索して、動画を見ながら真似して覚えていきました（とはいえ、凝った編集はしないのでじつはいまだに最低限の機能しか使えません……）。

また、ＳＮＳやブログなど、あらゆる情報発信の基礎として必要なのが**マーケティングの力**です。「どんな人に情報を届けたいのか」を考えてそのターゲットとなる人のペルソナを設定したり、「いまなにが求められているのか」を考えてその時々の適切な企画を立案したり、「どうすればより多くの人に届くか」を考えてタイトルやデザイン、文章やハッシュタグなどを決めたり。わたしはどのアカウントも完全に個人で運営していたので、こうしたことをすべて一人で行う必要がありました。

ベースとして役立ってくれたのは、大学時代にこれもほぼ独学したＳＥＯ（エスイーオー）やＷｅｂライティング、Ｗｅｂマーケティングの知識です。わたしはＷｅｂメディアでSEOライティング（検索エンジンで上位に表示されるような施策を張り巡らせたWeb記事を書くこと）のインターンをしていたのですが、その際に結果を出したくて勉強したことが社会人になってからも助けになってくれました。

これらは本で基礎知識を学び、本で学んだ知識を実際に試して試行錯誤することで少しずつ体得していったスキルでした。

さて、わたしはフリーになってまずはじめに、

・開業届の提出
・社会保険や年金の切り替え
・事業用の口座とクレジットカードの準備
・名刺づくり
・請求書や見積書の雛形づくり

といったことを行いました。必要な手続きは退職前にネットでいろいろ調べてリスト

アップしていました。

最も不安だったのは確定申告などの税金まわりと、請求などの経理関係でした。

確定申告に関しては、まず2冊ほど本を読んで勉強。最初に薄めのムック本を読んで全体のイメージ（そもそも確定申告ってなんなのか？ どんな流れで行うのか？など）をつかみ、次に詳しめの本を読んで細かいところまで理解していきました。後者は『図解 いちばんやさしく丁寧に書いた青色申告の本』（成美堂出版）という本がわかりやすくておすすめです（毎年最新版が発売されています）。会計ソフトは初心者でも使いやすいfreee《フリー》を、請求書作成ソフトはMisoca《ミソカ》を使うことにしました。

なお、確定申告は1年目も2年目も泣きべそをかきながら自力で行いました。なぜ泣きべそをかいていたかというと、怠惰すぎて1年分のレシートや売上請求書を溜め込んで一度も会計ソフトに登録していなかったからです（毎年なにも学ばない……）。

手続き関係が致命的に苦手なくせになぜ自分でやっているのかと疑問をもたれると思うのですが、はじめから税理士さんにお願いしてしまうと、その料金の価値が実感としてわからないと思ったからです。

わたしは基本的に「まず自分でやってみて、どれくらいの手間や時間やストレスがかかるか把握してから外に頼む」というステップを踏みたいタチ（タチというかケチ？）なので、なるべく自力でやろうと思っていました。

フリーになってよかったと思うことはいろいろありますが、いちばんは「**好きなときに好きな場所で働けるようになった**」ということです。わたしは就活生のころから「将来的には好きなときに好きな場所に行ける生活をしたい」とノートに書いていたので、それが叶ってとてもよかったなと思いますし、身体が弱く突発的な体調不良を起こしやすいというのもあって、毎朝決まった時間に電車で通勤しなくても大丈夫なのは精神衛生上ありがたく感じています。

一方で、**常に自分で目標を決めなければならないのはきついな**、と感じることもあります。会社にいたころは頼まなくても厳しい目標やＫＰＩ《ケーピーアイ》（ビジネスでの最終目標のために各プロセスにおいて設定される、達成度合いの計測や評価をするための指標。「重要な中間目標となる数値」のようなもの）が降ってきていましたし、自分から動かなくてもいろいろな仕事やプロジェクトを頼まれるのが普通でした。また、わたしは早くに退職してしまいましたが、長くいれば役職を目指して邁進《まいしん》するということもあったと思います。

そういう意味で、会社はいつでもなにかを自動的に目指せる場所だったなぁと感じるのですが（それはそれで大変なんですが……）、フリーランスだとこの仕組みがありません。「自分はどうなっていたいのか」を常に考え、それを達成するための行動プランを考えて実行して振り返る、というのはなかなかカロリーを使うことではあるので、ときどきエネルギー切れで動けなくなってしまう時期があるのがいまの悩みです。

「これをすればエネルギー切れの無気力状態を一発で脱却できる！」という特効薬はいまのところわたしにはないのですが、元気になりやすい方法として実践しているのは「自分会議」です。これについては最後の第8章で詳しくお話しできればと思いますので、ご参考にしていただけたらうれしいです。

第6章

趣味の勉強法

基本のステップ

「特定の資格や検定を目指しているわけでも仕事に必要なわけでもないけど、これについて勉強したい」というものもありますよね。なるべく短期間で知識やスキルを身につけたいという場合は、いまからご紹介するステップを踏んでみてください。

①勉強テーマを見つける

まずは**勉強したいテーマ**を見つけます。はじめから明確に決まっている場合はそのままでOKですが、もし「なんとなく歴史の勉強をしたいなぁ」くらいの感覚であれば、もう少し具体化して「昔勉強した世界史を学び直す」くらいのテーマに落とし込んでみます。こうすることで、**実際にどんな勉強をすればいいか**が見えてきます。

②ゴールを決める

趣味の勉強ではあっても、ひと区切りとなるなにかがあったほうが日々の学習に張り合いが出るもの。**「こんな感じのレベルまで行ってみたい」というゴールを設定するの**がおすすめです。

たとえば先ほどの例なら、「高校の世界史の範囲をひと通りおさらいする」など。お金の勉強なら「自分に合った家計簿の書き方を見つける」、栄養の勉強なら「日々の料理に役立てられる程度の栄養素の知識を身につける」といったイメージです。

③勉強法を考える

②で決めたゴールを達成するために必要な勉強の方法を考えます。なにを勉強するかにもよりますが、「書籍を読んで学ぶ」「テレビ番組やＹｏｕＴｕｂｅ動画を観て学ぶ」といった選択肢があるかと思います。

仕事の勉強法のところでお話ししたように、**一から学ぶ場合は書籍を読むのがいち**

ばんおすすめです。初歩から順を追って学べる本を使って勉強をスタートし、徐々にレベルを上げていくのもいいでしょう。

わたしの例でいうと、「社会人としてのお金のリテラシーを身につけたい」という考えから、「お金全般についての本を2〜3冊、貯金・節約についての本を2〜3冊、投資についての本を3〜4冊読もう」と決めて**読書リスト**を作ったりしていました。

④実践する

いよいよ実践！　③で考えた方法にしたがって勉強を始めます。

なお、もし当初に予定していた勉強法を実践してみて「ちょっと違うかも」「足りないかも」などと感じた場合は、臨機応変にやり方を変えればOKです。知識や教養を身につけることも大事ですが、趣味の勉強ではまずは**楽しく学ぶ**ということにフォーカスしてみてくださいね。

勉強のコツ

趣味の勉強の効率を上げるには、次のようなコツを意識するといいでしょう。

関連する資格試験や検定試験があれば積極的に取り組んでみる

気の向くままに勉強するのももちろんいいのですが、よりメリハリをつけて勉強したり順を追って学んだりしたい場合は、**関連する資格・検定試験に挑戦してみる**のもいいでしょう。

たとえばお金について学びたいならFP（ファイナンシャル・プランナー）の試験を目指してみる、メイクについて勉強したいなら日本化粧品検定®を目指してみる、などです。

仕事の勉強法のところでもお話ししましたが、**資格試験はその対策となる勉強をすることで物事を網羅的・体系的に学ぶことができるのがメリット**。また、試験対策用の教材を利用すれば自ずと勉強の筋道も決まります。

必ずしも合格や取得を目指さなくても、資格試験用の教材を使って学んでみるだけでも効率的です。

仲間を見つける

社会人の勉強全般にいえることですが、**一緒に学べる仲間**がいると勉強がさらに捗ったり、継続しやすくなったりします。特に趣味の勉強では、同じ趣味の相手とつながることでより楽しんで学べるようになるケースも多いでしょう。

実生活で仲間が見つからない場合は、SNSで**趣味垢**（**趣味用アカウント。「垢」はアカウントのこと**）を作って探してみるのもいいと思います。オンラインコミュニティなどにも参加してみると楽しいかもしれませんね。

勉強道具を目につくところに置いておく

趣味の勉強をあくまで「趣味」と捉えてしまうと、どうしても日々の仕事や家事に追われていつのまにか自然消滅してしまいがち。

そうならないためには、**勉強に使う道具を普段から目につく場所に置いておく**のがおすすめです。ちょっとしたことですが、こうしたひと工夫で勉強習慣をキープすることができますよ。

わたしの運動習慣づくり挑戦記

「仕事で必要なわけではないし資格試験を目指すようなものでもないけど、ずっとやりたい・やらなきゃと思っている……」というものって、誰にでも一つ二つはあるのではないかと思います。たとえば、「断捨離や部屋の掃除をする」「朝活を始める」「ダイエットをする」「貯金計画を立てる」などなど……。わたしはこうしたものが山積みの人生（？）で、特に**運動習慣づくり**は長い間課題としていました。

近所の24時間営業のジムに入会したことが一度だけあったのですが、**契約後1回も通うことなく半年ほどで解約。**もともと運動への苦手意識があったこともあり、**「自分にはジム通いやトレーニングは続かない」**という思いが強くなってしまいました。

YouTubeでトレーニング動画を観たこともありましたが、継続にはなかなか至らず……。

そんなわたしでしたが、社会人6年目にして**「毎週のジム通い」「毎日の自宅筋トレとウォーキング」**ができるようになったんです……！　習慣化のご参考になるかもしれないので、そのきっかけと経緯を少しお話しさせてください。

運動を始めたきっかけ

きっかけは、本書の担当編集さんとの会話です。あるときに打ち合わせをしていた際、彼女が毎週ジムに行っていること、以前ヨガに通っていてとてもよかったこと、現在はピラティスをやっていること、週に1回程度でも運動することでとても自己肯定感が上がることをお話ししてくださいました。

そのときは、「本当にえらい……！（自分にはできないかも……）」という気持ちが大きかったのですが、だんだんと「わたしもやってみたい」という感覚になっていきました。ちょうどそのタイミングで、以前から気になっていたジムのキャンペーンチラシが自宅ポストに投函されたことから、一度体験に行ってみることにしたのでした。

このジムは、いわゆる「暗闇バイク」のジム。薄暗くした室内エリアでそれぞれがヘッドフォンをつけ、音楽に乗りながらエアロバイクでエクササイズをするものです。前方に指導してくれるトレーナーさんがいらっしゃり、最大20名ほどの生徒さんと一緒にレッスンを受けます。

体験レッスンがよかったのですぐにこのジムに入会。すると、そこから毎週通えるようになっただけでなく、それに引っ張られるようにして自宅トレーニングやウォーキングも習慣化できるようになったのです。

嫌いだった運動を継続できている5つの要因

①自分に合ったジムを選んだ

まずジム選びに関して、**自分に合ったところを選べた**のが大きかったと思います。

- **運動の内容**
苦手な運動のなかでも、自分にとって比較的ハードルの低い「サイクリング」を選んだ（高校時代に自転車通学が楽しかった記憶があり、抵抗感が少なかった）
- **1回あたりの所要時間**
1レッスン30分で終わるため、なんとかがんばろうという気持ちになれた
- **立地**
徒歩3～5分くらいで通えるため、帰ってすぐにシャワーを浴びられる
- **予約方法**
わたしの苦手な電話予約が不要で、すべてWebで完結できる。当日のキャンセルも料金がかからないため、突発的な体調不良を起こしやすくても安心
- **雰囲気・年齢層**
生徒さんの年齢層が比較的高く落ち着いていて、アットホームな空気

「運動が苦手」とひとくちにいっても、じつは自転車だったらそんなに抵抗がなかったり、短い時間ならがんばれたり。**苦手なことでも「こういう条件ならそんなにいや**

じゃない」というポイントを見つけるのは大事なのかも、と思います。

☆ ②「運動しない」ところから始めた

自宅での運動に関して、わたしは**「運動しない」ところから始めました**。まずやったのは、「今日はヨガマットを広げられたら成功としよう」ということ。コロナ全盛期にネットで買って一度も使わずにしまいこまれていたヨガマット（わたしは「一度もやらない」が得意なようです（汗））を、まずは広げて床に敷くことから始めました。

次の日は、広げたヨガマットに乗ってみる。また次の日は、その上でYouTubeのトレーニング動画を流してみる。そんなふうにしていくと、「せっかく準備したし、ちょっとやってみるか」という気持ちになれました。

また、新しいトレーニング動画をやろうか迷っているときは、**まずなにもせず動画だけ流す**ということをしています。いきなり真似してやろうとすると心も身体も疲れてしまうので、まずは早送りで「ふーん、こんな感じのトレーニングなんだ」と知る、ということをするのです。

何度か観ているうちに「ちょっとやってみようかな？」という気持ちになり、いつのまにか生活に取り入れられるようになりました。

③ハードルを低く設定した

ジムでの運動と家での筋トレ両方に効果的だったのが、**最初の目標を低くした**ことです。ジムは週に1回通えればOK、筋トレも座ったままできるそれほどキツくないものでOK、ということにしました。

わたしはとにかく体力にも筋力にも自信がなかったので、低いハードルにしておいたのはとてもよかったと思います。そのうちだんだんと力がついて、少しずつ回数やレベルを上げていくことができました。

④簡単に運動できるようにした

わたしにとって運動は、とにかく面倒でしんどそうなもの。そんな運動をするためには、**億劫になるポイントをなるべく外しておく**必要がありました。個人的には、

- ヨガマットを目につくところに置いておく
- YouTubeで毎日の筋トレ用の再生リストを作る
- エスカレーターではなく階段を選びやすくなるよう、ロングスカートをやめてパンツを穿く
- たくさん歩いても足が痛くならないよう、歩きやすい靴を買う

といった工夫がとても効果的でした。

⑤記録を楽しんだ

これは受験勉強でも意識していたことですが、**毎日の記録をつけるようにした**のもとても大きかったです。ダイエットも兼ねて、わたしはこのようなことをしています。

- 食事記録アプリ「あすけん」で一日の食事と運動の内容を記録
- 手帳にハビットトラッカーのページを作って、食事や運動を記録
- 全25項目を計測できる体重計に毎日乗り、スマホアプリと連携して記録する

一日の終わりに今日の記録をするだけでもいいのですが、それに加えて**日中に途中経過を記録することで、「今日はあと何歩歩かなきゃ」「昼食までの脂質が多かったから、夕食は減らそう」と調整に役立てる**のも効果的な使い方だと感じています。

いろいろなことに応用できる習慣化のヒント

わたしの場合は運動でしたが、次のような点はほかの様々なことにも応用できるのではないかと思います。

- 自分に合ったスタイルを選ぶ
- 面倒になるポイントを極力排除する
- 最低限から始める
- 記録をつける

「継続は力なり」といいますが、継続するのがいちばん大変じゃん！　とわたしは思います……。こうした工夫をしつつ、楽しみながら続けていきたいです。

第7章

モチベーション＆集中力アップ術

モチベーションアップ＆キープ術

大人になってからの勉強は自発的に始まることが多いと思いますが、いつのまにか勉強の優先順位が下がってしまっていた……ということも起こりがち。

ここでは、モチベーションを上げたり維持したりするのにおすすめの方法を7つご紹介します。

①目標を書いて貼っておく

大人の独学でよくあるのが、勉強の「自然消滅」ではないでしょうか。外から強制されるものでもないし、普段の仕事や家事に忙殺されているうちに勉強のモチベーションも習慣も気づいたら消えていた、ということはあるあるだと思います。

わたしもそのようなことが多かったのですが、これを防げるようになった方法が「目標を紙に書き、机の前に貼っておく」ということです。シンプルですが、「勉強をするんだ」ということが常に意識できるようになるだけで、自然とモチベーションを高く保つことができるようになりました。

机でなくても、普段目に入りやすいところならどこでもかまいません。キッチンや洗面所、お手洗いなどに貼っておいてもいいし、スマホのホーム画面に設定するのもいいでしょう。

仕事における夢、一年のテーマや目標を机の前に貼っています。

②ごほうびを作る

月並みですが、**ごほうび作戦**もモチベーション維持に効果的です。**「ここまで勉強したら○○する」と決め、日々のやる気をキープしていく方法**です。

ごほうびはなんでもかまいません。おやつやスタバのドリンクのような食べもの・飲みものでもいいし、「欲しかった写真集を買う」「映画を観に行く」のようなものもモチベーションにつながるかもしれません。また、「2時間勉強したら20分休憩してOK」のようにお休みをごほうびにしてもかまいませんし、ToDoリストで終わったタスクを消していくのも一種のごほうびといえます。

③お気に入りの勉強場所を作る

自分の気分が上がる勉強場所を確保しておくのも効果的です。自宅の勉強スペースを整えておくのはもちろん、それ以外にも勉強できる場所をいくつか見つけておくのがおすすめ。たとえば、わたしは次のような場所を気分に合わせて転々としています。

勉強場所の例

・家の外

・図書館
・カフェ
・ファミリーレストラン
・自習室
・コワーキングスペース
・カラオケボックス
・電車やバスの中

・家の中

・デスク
・ソファー
・ベッドの上
・ダイニングテーブル
・お風呂
・お手洗い
・廊下
・キッチンのカウンター

このように、勉強できる場所は家の中にも外にもたくさんあります。やる気が落ちてきてしまったときは、気分転換も兼ねて普段あまり行かないところに行ってみるのもいいと思います。

④文房具を新調する

文房具は、勉強においてとても大事な相棒です。自分にとって使いやすい文房具（書きやすいペンや消しやすい消しゴム、自分の文字サイズや用途に合った罫線のノートなど）を使えば勉強の効率が上がり、自分にとってお気に入りの文房具（かわいい・かっこいい・おしゃれ・好きなキャラクターがついているなど）を使えば勉強のモチベーションが上がります。

モチベーションが少し下がってきたときには、**新しい文房具を買い足す**のも手です。ロフトやハンズなどの文具コーナーや文具専門店などに行くと、色とりどりの素敵な文具や、「こんな商品あったんだ！」と驚く便利アイテムに出会うことができます。リフレッシュがてらお店をぷらぷら歩いてみるのもいいでしょう。

⑤ポジティブな言葉で自己暗示をかける

わたしが昔から、勉強をするとき（仕事をするときもですが）に必ず心がけていることとがあります。それが、**「自分にポジティブな言葉をかけまくる」**ということです。ちょっと問題が解けたら「わ〜、わたし天才！」、ある程度勉強したら「がんばってる！ えらい！」、なにかいいことがあったら「わーいわーい！」。とにかく自分を褒めたり、喜びを言葉にしたりしまくるのです。

これにはすごく効果があります。**自分の言葉をいちばんよく聞いているのは自分の脳。**ネガティブなことや自分を否定することばかり言っていると、それを間近で聞いている脳は「自分はダメなんだ、どうせできないんだ」と思い込んでしまい、本当にパフォーマンスが下がっていってしまうのです。

逆にポジティブな言葉をかけていると、それを聞いた脳は「そうなんだ。自分ってできるんだ！」とよい自己暗示にかかるようになります。そしてそれが次のやる気につながり、どんどん好循環が生まれていきます。

やる気が出ないときには、嘘でもいいので「よし！ 今日はがんばる！」「わたしならできる！」などとつぶやいてみてください。いつのまにかそれが本当になり、高いモチベーションを保ちながら勉強できるようになっていきます。

⑥勉強仲間を作る

大人の勉強が挫折しやすい原因の一つに、「周りに勉強をしている人が少ないから」ということがあります。特に一人だとなかなか継続が難しいという人は、**ＳＮＳなどを通して勉強仲間を見つけてみる**といいでしょう。

ＩｎｓｔａｇｒａｍやＸで「＃勉強垢」「＃社会人の勉強垢」「＃大人の勉強垢」などのハッシュタグで検索すると、たくさんの勉強垢さんを見つけることができます。

同じ目標に向かってがんばっている人にも出会えますし、毎日勉強記録をアップしている人の投稿を見ると「自分もがんばろう！」という気持ちが湧いてくるでしょう。

自分自身は投稿をしない「見る専」でも楽しめますので、ぜひ一度覗いてみてください。

⑦勉強記録をつける

第6章の最後にもふれましたが、**記録をつける**ことはモチベーションを維持したり物事を継続させたりするのにとても大きな効果があります。簡単なものでいいので、ぜひ毎日の勉強記録をつけてみてください。

記録のつけ方はいろいろありますが、**いちばん手っ取り早いのは勉強時間の記録です**。わたしは浪人時代、下のように毎日科目別と合計の勉強時間を記録していました。

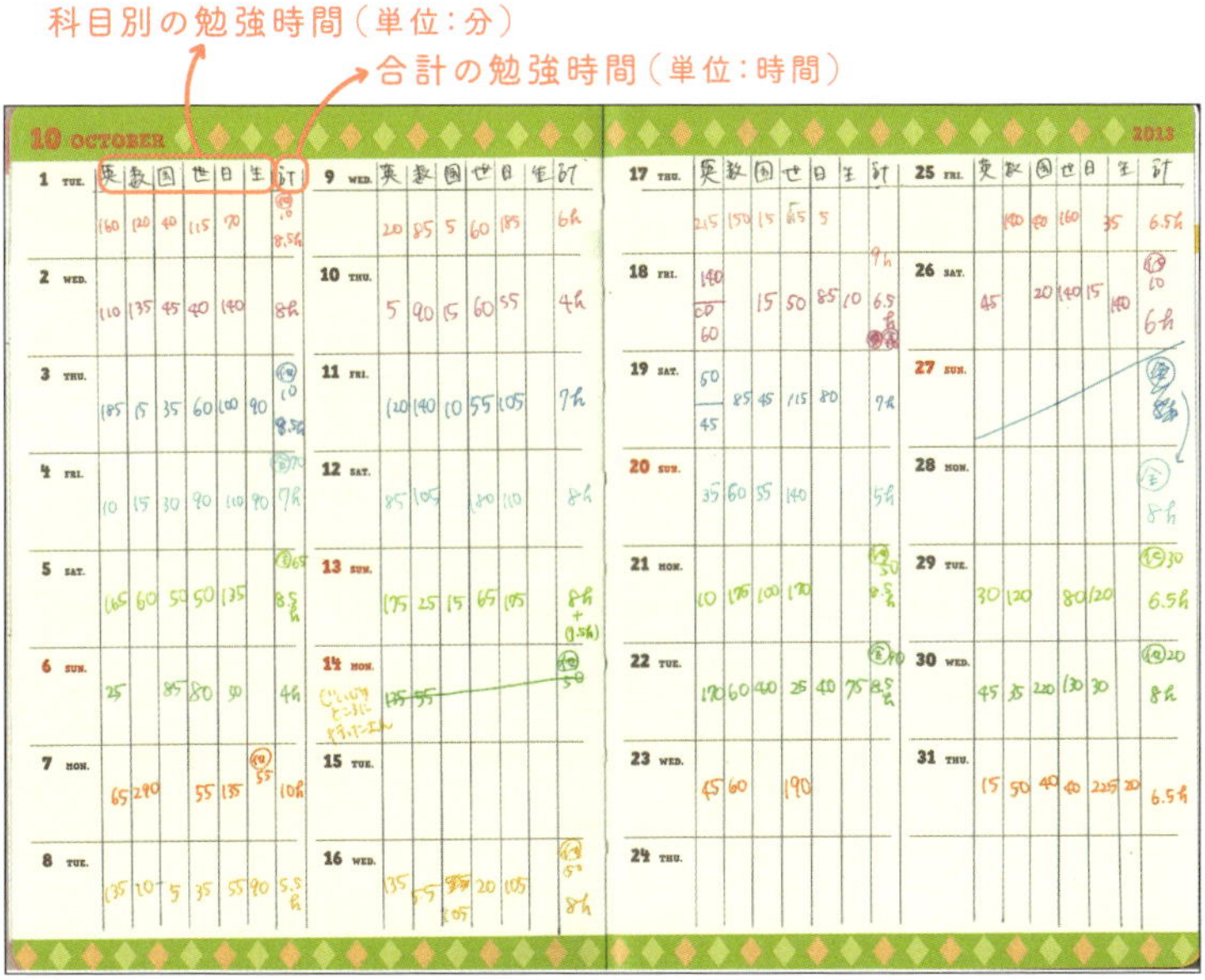
科目別の勉強時間（単位：分）
合計の勉強時間（単位：時間）
10 OCTOBER
2013

このようにすると、「今日もこれだけやったぞ！」というモチベーションにもなるし、科目や単元による勉強ボリュームの偏りを防ぐこともできます。わたしの場合は市販のスケジュール帳に自分で縦線を引いて使っていました。

下のように、勉強時間だけでなく勉強した内容や今日の振り返りなどを簡単にメモしておくのもいいでしょう。

日付	1章	2章	3章	4章	合計	メモ
3/1（土）	90	90			3h	• 2章はラストまで終わった • 午後の時間を有効活用できた
3/2（日）	30		60	90	3h	• 比較的まんべんなくできた • 3章の問題が難しい
3/3（月）	30		30		1h	• 1章はp30まで • 明日は3章を終わらせたい
3/4（火）			10	20	0.5h	• 仕事が長引いて時間をとれなかった……。

集中力アップ＆キープ術

限られた時間で勉強を進めなければならない大人の独学においては、なるべく集中して学習に向かうことが重要になってきます。でも、「仕事や家事・育児で疲れていてなかなか勉強に集中できない……」と悩んでしまう方も多いのではないでしょうか。

わたし自身も学生のころから集中力がまったくないタイプで、同じことを集中して続けられるのはよくても20分程度。そんなわたしがなんとか集中するために実践してきたことをご紹介します。

①自分が集中できる場所と時間帯を知る

集中力がないとはいっても、自分のなかで「この場所や時間帯の勉強はちょっと捗るな」というものはあるはず。個人的には次のような場所と時間帯だと集中しやすく感じます。

- 場所：カフェやファミレスなど、ほどよく雑音があるところ
- 時間帯：夕方～夜

これを踏まえて、「集中力のない朝はあえてカフェに行って勉強する」「集中しやすい夕方以降は自宅で勉強する」などと作戦を立てていました。集中しやすい場所や時間帯は人それぞれなので、ぜひ意識的に探して勉強作戦に取り入れてみるといいと思います。

②集中しやすい勉強環境を作る

気が散りにくい勉強環境を整えることも大切です。いくら勉強をがんばろうと息巻いても、教材を広げられるスペースがなかったり、部屋が仕事道具や趣味のグッズで

散らかってしまったりしていたら、なかなか集中して勉強することはできなくなってしまいます。

まずは最低限の勉強スペースを確保しましょう。片付けるのが難しいときは、散らかっているものをまとめてどこかに移動させるだけでOK。一旦スペースを作るということが大切です。**スマートフォンなど誘惑となったり気が散ったりしてしまうものは、別室か目につかない場所へ。**電源を切って近くに置くより効果的です。

③短時間に区切る

集中力が続かないわたしにとって、いちばん効果的だったのはこれです。

「2時間ぶっ通しで勉強できるのもかっこいいけど、10分を12セットやるのも同じ2時間」と考え、**自分が集中できる10～20分程度に区切って勉強を進める**ようにしています。同じことをやりつづけると気が散ってしまうので、10分や20分おきにどんどんやることを「味変」するのです。

もちろん、もともと集中力がある方は、長めの時間をひと区切りにすればＯＫ。自分の集中レベルに合わせて心地よい区切り方をしてみてくださいね。25分間の勉強と5分間の休憩を交互にくり返す**「ポモドーロ式勉強法」**もおすすめです。

④勉強場所をこまめに変える

やることや環境が変わらないとすぐに集中できなくなってしまうわたしは、**一日のうちに何度も勉強場所や作業場所を変える**ようにしています。

勉強できる場所は意外とあちこちにあります。**自分のお気に入りのお店やスペースをいくつかストックしておく**と、勉強が捗らない日もすぐに「いまからここに行ってがんばろう」と決めることができますよ。

わたしはＧｏｏｇｌｅマップで家の近くの勉強・作業用カフェをピックアップし、「朝早くからやっているカフェ」「夜遅くまでやっているカフェ」などリストに登録するようにしています。

⑤勉強モードに入るルーティンを決める

わたしは根本的に怠惰で、放っておくと際限なくベッドの上でごろごろしてしまうタイプなので、そうした「OFFモード」から「ONモード」に切り替えるためのルーティンをいくつか決めるようにしています。具体的には次のようなことです。

- 部屋着からよそ行きの服に着替える
- メイクとヘアセットをする
- 歯磨きをする
- 勉強のお供（飲みものやちょっとしたお菓子）を用意する

ほかにも、「髪を結ぶ」「手帳を開く」「決まった音楽をかける」など、気合いが入るものであればなんでもかまいません。ぜひ自分だけのルーティンを作ってみてください。

⑥上手に休憩する

一定の集中力をもって勉強を続けるためには、適度に休憩を挟むことも大切です。わたしはただなんとなく休んでしまうと「いつまで経ってもだらだらしてしまって休憩から戻れない……」ということが頻発したので、次のような工夫をして休憩から勉強へと戻りやすくしていました。

- **あらかじめ休憩時間の長さを決めてから休憩に入る**

アラームをかけておくとリマインドに

- **あえてキリの悪いところで休憩に入る**

休憩から戻ったとき、自然と続きから取り組むことができる

- **休憩中は続きが気になるコンテンツは観ない**

次回が気になる連続動画や小説は×。

ＹｏｕＴｕｂｅの自動再生モードもＯＦＦに！

また、**どうしても眠いときには思いきって5分～30分程度の仮眠をとる**のがおすすめです。わたしは高校時代に試行錯誤した結果、「8分間の仮眠」が自分にとって最もすっきりできることがわかりました。心地よい休憩の頻度や適切な仮眠の長さは人によって違うので、ぜひいろいろと試してみてくださいね。

⑦勉強するしかない状況を作り出す

これはやや最終手段感がありますが、**「集中しなくてもいいから勉強せざるを得ない状況に自分を追い込む」**という方法です。

気が散って勉強できないときって結局なにをしているかといえば、だいたいスマホを触ったりベッドでごろごろしたりしているんですよね。このスマホとベッドを断ち切り、勉強道具だけを持ってカフェなど衆人環視の場所に行けば、勉強するしかないというシチュエーションを作り出せます。

どうしてもなにも手につかない……というときには一度試してみてください。

第8章

毎日を充実させる
手帳術&読書術

自分会議のススメ

自分会議とは？

わたしは物事を頭で考えてしまうタイプで、ときどきすごく落ち込んでしまったり、進むべき方向に迷って延々ともやもやしてしまったりすることがあります。

そんなときに心を救ってくれるとっておきの方法が「**自分会議**」。自分会議とはひとことでいうと、**心にあるものを棚卸しするための、自分との徹底的な話し合い**です。**自分の心の声や言い分を聴いてあげて、前向きなネクストアクションを考えていく自己カウンセリング**のようなものです。

みなさんも、次のような状態になることはありませんか？

- なんだか日常に張り合いがない、普段の生活に微妙な閉塞感を感じる
- 仕事にやりがいを感じられない、本当にやりたい仕事をできていない気がする
- いまの生活になんとなく満たされないものを感じる
- 職場の人間関係や家族・恋人との関係などにもやもやしてしまう
- 長年の夢を叶えられていないと感じる
- 今後の人生について、一度立ち止まって考えなきゃと感じる

こんなとき、自分会議を開くと霧が晴れたように答えが見つかることがあります。なにかもやもやを感じていたら、ぜひいまから自分会議を始めてみましょう。

自分会議の開き方

用意するもの

自分会議で用意するのは、「ノート」と「筆記具」の2つだけです。

ノートは、自由に思考を発散して書き込めるよう、**罫線の入っていない無地のもの**を選びます。パッと見たときに全体像を把握できるよう、サイズはB5以上のものを用意するといいでしょう。ペンはなんでもかまいませんが、消して書き直す可能性があるので**シャーペン**がおすすめです。

⭐ 1回の自分会議にかける時間

自分会議1回あたりにかける時間は自由。わたしはだいたい**1〜2時間程度**使うことが多いです。

ただし、「スキマ時間で何回かに分けて会議する」というのはおすすめしません。細切れになってしまうと、せっかく煮詰まった思考がまた浅いところまで戻されてしまいます。**「この時間は自分会議に充てる！」とあらかじめ決め、時間をおさえておくようにしてください。****1回の会議で最後まで徹底的に考え尽くす**というイメージです。

場所は自分の部屋でもかまいませんが、**気分が晴れやかになるようなところ**に出かけるのもおすすめです。個人的には、景色がよくて開放的だったり、隣の席との距離が広くて落ち着いていたりするカフェで開催することが多いです。

★自分会議の進め方

自分会議のやり方は、「ひたすら自己問答をくり返す」というのが基本です。**自分に対して議題を提示して問いかけて、それに対する答えを考えられる限り書き出します。そこからさらに「それはなぜ？」「その場合どうしたらいい？」などと深掘りしていき、最終的なアクションを見つけ出していきます。**

そしてじつは進め方はフリーダムで、わたし自身「こういう順番でこうしよう」と決めているフォーマットはありません。思いのままにノートを使って自分と対話しているような感じです。ただ、初めての場合は迷ってしまうと思うので、わたしが「だいたいいつもこういう流れで会議をしている」というものを187、190ページの写真とともにご紹介します。

①日付を書く

まず、ノートの上部にその日の日付を書きます。このとき、月日だけでなく年も忘れずに。あとから読み返したときに、いつ考えていたことなのかをすぐにわかるようにしておきます。

②悩んでいる現状を書き出す

自分会議を開くときはなにかに悩んでいたりもやもやしていたりするときなので、その**悩みやもやもやの現状**について書き出します。いまの気持ち、起きていること、感じている課題を雑多に洗い出すステップです。

このとき、「毎日怠惰に過ごしている自分はダメ人間だ」などという解釈や感想を書くのではなく、「毎日怠惰に過ごしていて、自分をダメ人間だと感じてしまっている」という**事実や状態を書く**ようにします。相談者の自分とカウンセラーの自分がいて、相談者の話したことをカウンセラーとして客観的にメモするようなイメージです。「これ以上は特に言いたいことはない」と思うくらい、思いつく限りのこと（そんなに大事ではないかもしれないと思うことでも）を書き出すのがポイントです。

③その理由や背景を書き出す

続いて、②で書き出した現状の**理由や背景になっていると考えられること**を書き出します。これもなるべくいろいろな観点から考え尽くしていきます。

理由や背景を考えるうえで、次の2つは分けて考えるといいかもしれません。

A：現状を引き起こしている理由や背景

B：現状に悩んでしまう理由や背景

たとえば悩んでいる現状が「仕事にやりがいを感じられていないこと」だとします。そしてAの要素としては「仕事に慣れてしまい、そんなにがんばらなくてもある程度の結果が出せるようになったから」「がんばってもお給料が上がらないから」といったことが考えられたとします。

ですが、ではこれらが悪いことかというと、この時点ではまだわかりません。「慣れたのでがんばらなくても結果が出る」というのは、最小限のエネルギーで仕事ができるのだから素晴らしいともいえますし、「がんばってもお給料が上がらない」というのは、いまのお給料が充分な額であればそれほど問題にはならないかもしれません。真の課題は、これらに対して悩んでしまう自分の捉え方だと考えることもできます。

では、自分はどんな捉え方をしているのか？を考えるのがBです。

たとえばこの場合、「仕事では難しいことに挑戦したいと思っているのに、いまの仕事は慣れてしまって簡単に感じるから」「もっと高いお給料をもらったり、結果に見合ったインセンティブをもらったりできる状態が理想なのに、そうでないから」といったことが考えられますよね。ここまで来ると、表層的な課題ではなく深いところにある真の課題に近づくことができます。

自分会議で考えを書き出すときは、このように「それはなぜ？」とどんどん深掘りしていくことが重要です。聴き上手の友だちになった気持ちで、自分に質問をたくさんしてあげましょう。

書き方の例（サンプル）

①日付

②悩みの現状

③現状の悩みや背景

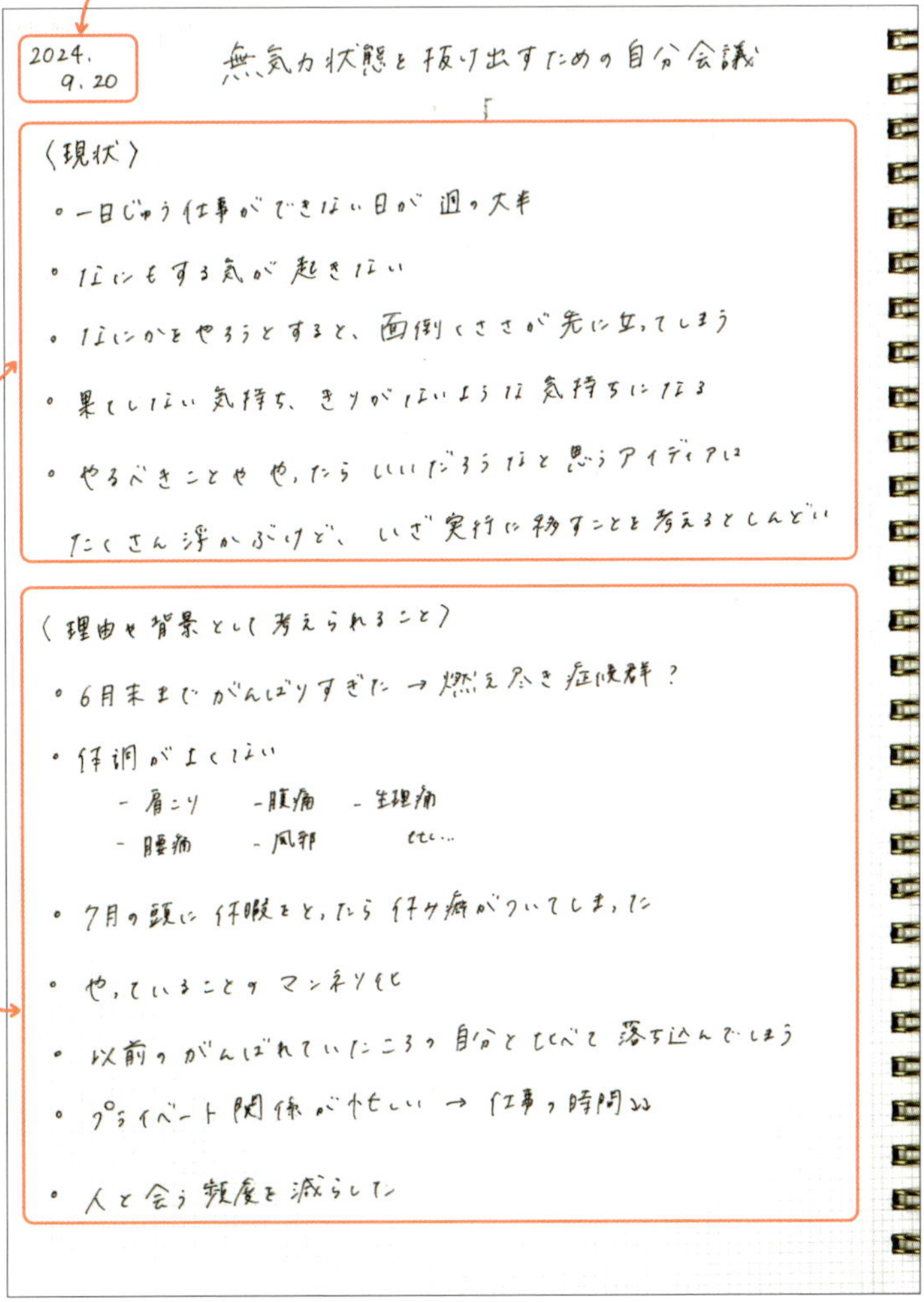
2024.
9.20
無気力状態を抜け出すための自分会議
〈現状〉
・一日じゅう仕事ができない日が週の大半
・なにもする気が起きない
・なにかをやろうとすると、面倒くささが先に立ってしまう
・果てしない気持ち、キリがないような気持ちになる
・やるべきことや やったらいいだろうなと思うアイディアは
たくさん浮かぶけど、いざ実行に移すことを考えるとしんどい
〈理由や背景として考えられること〉
・6月末までがんばりすぎた → 燃え尽き症候群？
・体調がよくない
- 肩こり　- 腹痛　- 生理痛
- 腰痛　- 風邪　etc...
・7月の頭に休暇をとったら休み癖がついてしまった
・やっていることのマンネリ化
・以前のがんばれていたころの自分とくらべて落ち込んでしまう
・プライベート関係が忙しい → 仕事の時間減
・人と会う頻度を減らした

思いつくまま箇条書きで書き出します。

④理想の状態を書き出す

現状を踏まえて、**ではどんな状態であれば快適になれるのか？**を考えます。ステップ③のBとやや重なる部分もあるかもしれませんが、ここではそれより解像度が上がるイメージです。

たとえば先ほどからの例でいうと、「仕事において常に新しい挑戦をしている状態」「努力に応じたインセンティブや残業手当があり、月に50万円以上は稼いでいる状態」「自分の仕事がお客様の役に立ったことが感じられる状態」など。これも思いつく限り書き出しましょう。

⑤現状と理想の状態の距離を埋めるためにできることを書き出す

いよいよネクストアクション探しに入っていきます。

②の現状と④の理想の状態を比べて、**④に近づくために考えられる施策**を書き出しましょう。このとき、「自分にできるだろうか？」「これは結構大変じゃないだろうか？」といったことはとりあえず度外視して、考えうる方法をひと通り洗い出してみるのがポイントです。

考えられる限りのことを書き出したら、そのなかから**直近で行うアクションを2つから3つ決めます**。アクションは具体的に、いますぐ取り組むべきステップがわかる状態にしましょう。たとえば「来週までに上司の○○さんに1on1（個人面談）の時間をとってもらい、直近で新しいプロジェクトの立ち上げ予定がないか聞く。自分の現状も相談し、一緒に考えてもらう」ぐらいに具体化します。

決まったネクストアクションは、自分会議ノートに書いただけだと忘れてしまうこともあるので、**普段よく目にする場所にも転記しておく**のがおすすめです。わたしの場合は、スマホのメモアプリに書き写したり、自分だけが入っているグループLINEチャットに送信してアナウンスしたりしています。

⑥その他、自分が話したがっていることがあればすべて書き出す

最後に、これ以外にも自分がなにか言いたそうにしていること、心のなかで整理しきれていないことがあると感じたら、雑多にすべて書き出してあげましょう。

書き方の例（サンプル）続き

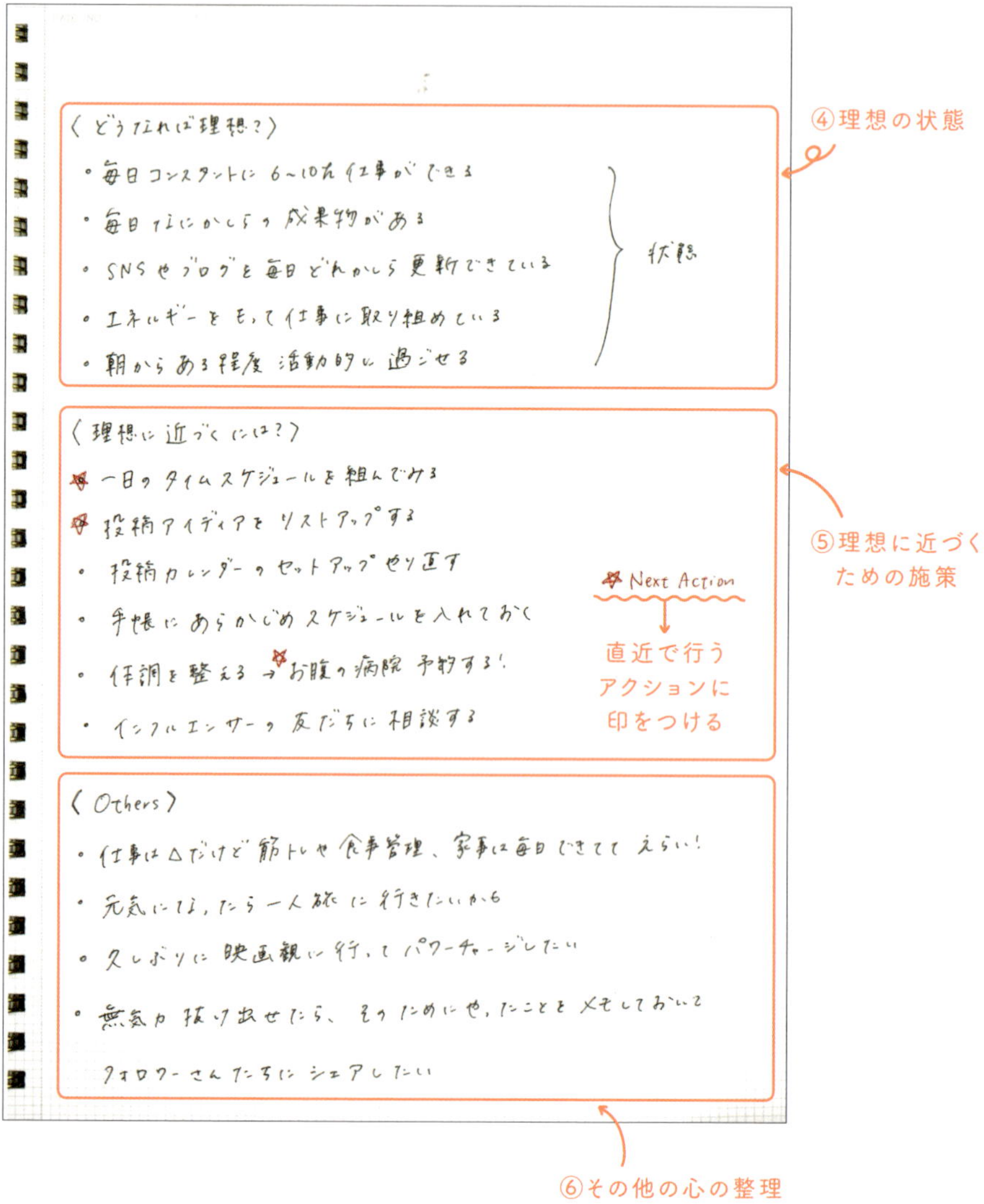
〈どうなれば理想？〉
・毎日コンスタントに6〜10件仕事ができる
・毎日なにかしらの成果物がある
・SNSやブログを毎日どれかしら更新できている
・エネルギーをもって仕事に取り組めている
・朝からある程度活動的に過ごせる
状態
④理想の状態
〈理想に近づくには？〉
一日のタイムスケジュールを組んでみる
投稿アイディアをリストアップする
・投稿カレンダーのセットアップやり直す
・手帳にあらかじめスケジュールを入れておく
・体調を整える→お腹の病院予約する！
・インフルエンサーの友だちに相談する
Next Action
直近で行うアクションに印をつける
⑤理想に近づくための施策
〈Others〉
・仕事は△だけど筋トレや食事管理、家事は毎日できてて えらい！
・元気になったら一人旅に行きたいかも
・久しぶりに映画観に行ってパワーチャージしたい
・無気力抜け出せたら、そのためにやったことをメモしておいて フォロワーさんたちにシェアしたい
⑥その他の心の整理

ここで出てきたことについて、もちろん解決策が示せればベストですが、必ずしもそうでなくても大丈夫です。「悩みを人に話すと気持ちがすっきりする」とよくいいますが、ノートに書き出すことにも同じような効果があります。

とりあえず文字にすることで、頭のなかでぐるぐる考えていたときより格段に気持ちが整理されます。

わたしの自分会議ログ

自分会議の典型的な流れについて説明してきましたが、イメージが湧きづらい部分もあると思うので、わたし自身の実際の記録を2つご紹介したいと思います。

Log1：仕事のもやもやに関する自分会議

社会人5年目・フリーランス4年目で、仕事の目標を失ってしまったことに悩んでいた時期の自分会議です。閉塞感から抜け出すためにやるべきアクションを見つけようと開催しました。

悪い点だけでなく、
よくなっている点も
書き出していました。

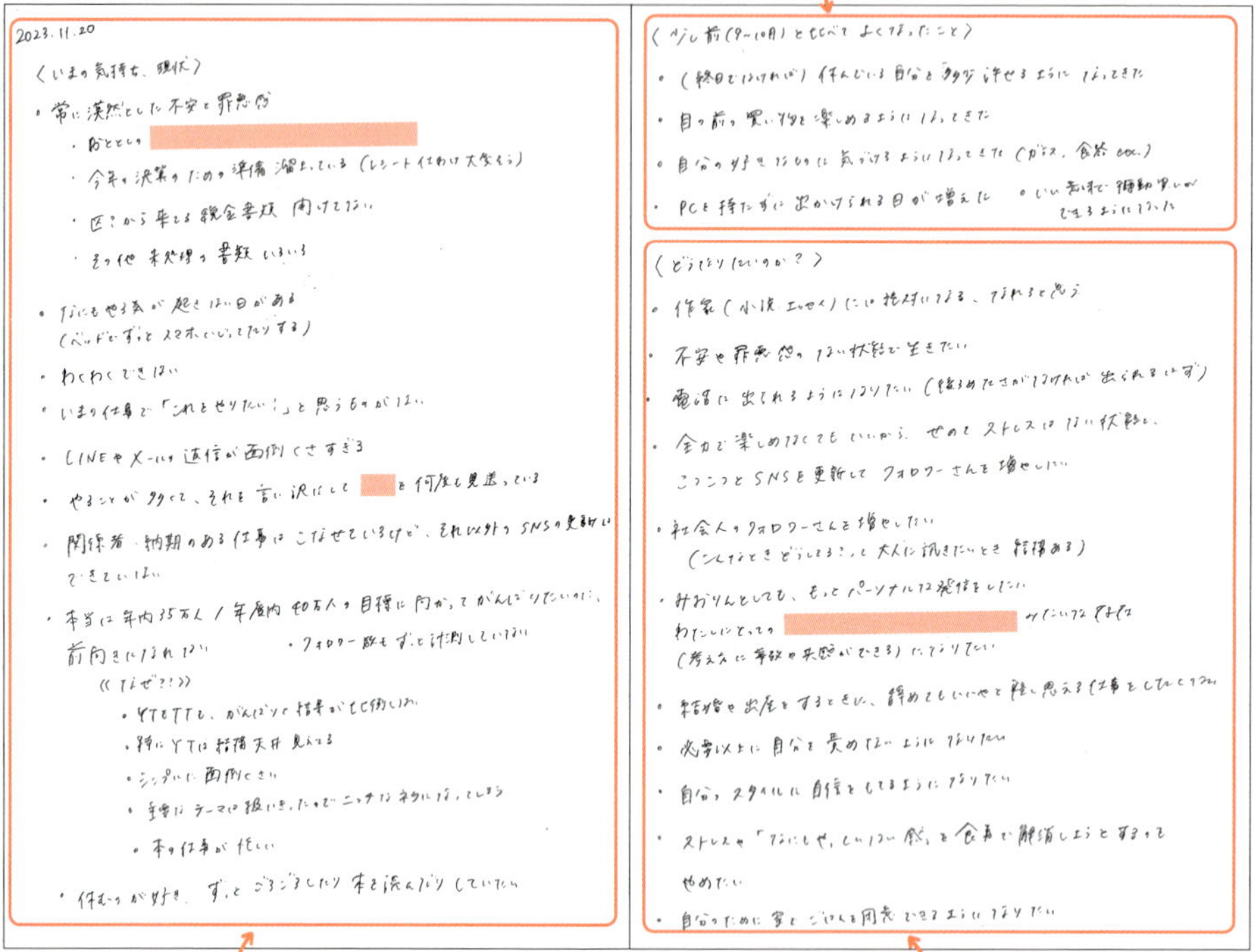

2023.11.20

〈いまの気持ち、現状〉

・常に漠然とした不安と罪悪感
 ・おととしの
 ・今年の決算のための準備溜まっている（レシート仕分け大変そう）
 ・区から来てる税金書類 開けてない
 ・その他 未処理の書類 いろいろ

・なにもやる気が起きない日がある
（ベッドでずっとスマホいじってたりする）

・わくわくできない

・いまの仕事で「これをやりたい！」と思うものがない

・LINEやメールの返信が面倒くさすぎる

・やることが多くて、それを言い訳にして を何度も見送っている

・関係者・納期のある仕事はこなせているけど、それ以外のSNSの更新ができていない

・本当は年内35万人／年度内40万人の目標に向かってがんばりたいのに、前向きになれない
・フォロワー数もずっと計測していない

《なぜ？！》
 ・YTもTTも、がんばっても結果が比例しない
 ・特にYTは結構天井見えてる
 ・シンプルに面倒くさい
 ・手軽なテーマは扱いきったのでニッチなネタになってしまう
 ・本の仕事が忙しい

・休むのが好き。ずっとごろごろしたり本を読んだりしていたい

〈少し前（9〜10月）と比べてよくなったこと〉

・（終日でなければ）休んでいる自分を多少許せるようになってきた

・目の前の買い物を楽しめるようになってきた

・自分の好きなものに気づけるようになってきた（ガラス、食器 etc.）

・PCを持たずに出かけられる日が増えた
・いい意味で[illegible]できるようになった

〈どうなりたいのか？〉

・作家（小説・エッセイ）には絶対になる、なれると思う

・不安や罪悪感のない状態で生きたい

・電話に出られるようになりたい（後ろめたさがなければ出られるはず）

・全力で楽しめなくてもいいから、せめてストレスはない状態に。
こつこつとSNSを更新してフォロワーさんを増やしたい

・社会人のフォロワーさんを増やしたい
（こんなときどうしてる？って大人に訊きたいとき結構ある）

・みおりんとしても、もっとパーソナルな発信をしたい
わたしにとっての みたいな存在
（考え方に尊敬や共感ができる）になりたい

・結婚や出産をするときに、辞めてもいいやと軽く思える仕事をしたくない

・必要以上に自分を責めないようになりたい

・自分のスタイルに自信をもてるようになりたい

・ストレスや「なにもやっていない感」を食事で解消しようとするのをやめたい

・自分のために家でごはんを用意できるようになりたい

現状の書き出し

理想の状態の書き出し

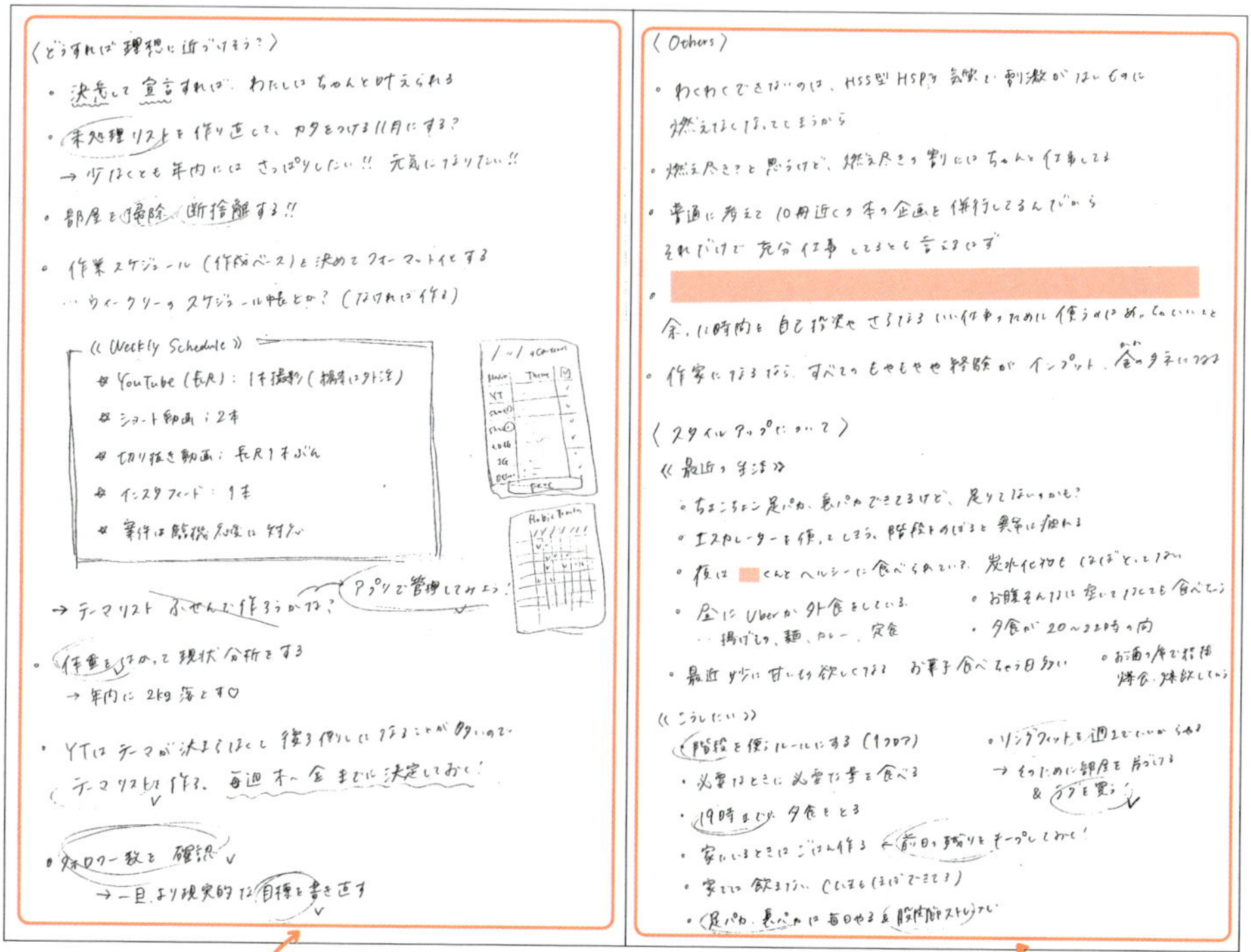

理想に近づくための施策の書き出し。
完了したものには✓マークをつけています。

その他、自分の心のなかにあるものを
書き出しました。

★ Log2：就活に関する自分会議

就活生時代、自分にとって最高の就職先を選ぶために何度も会議をしていました。

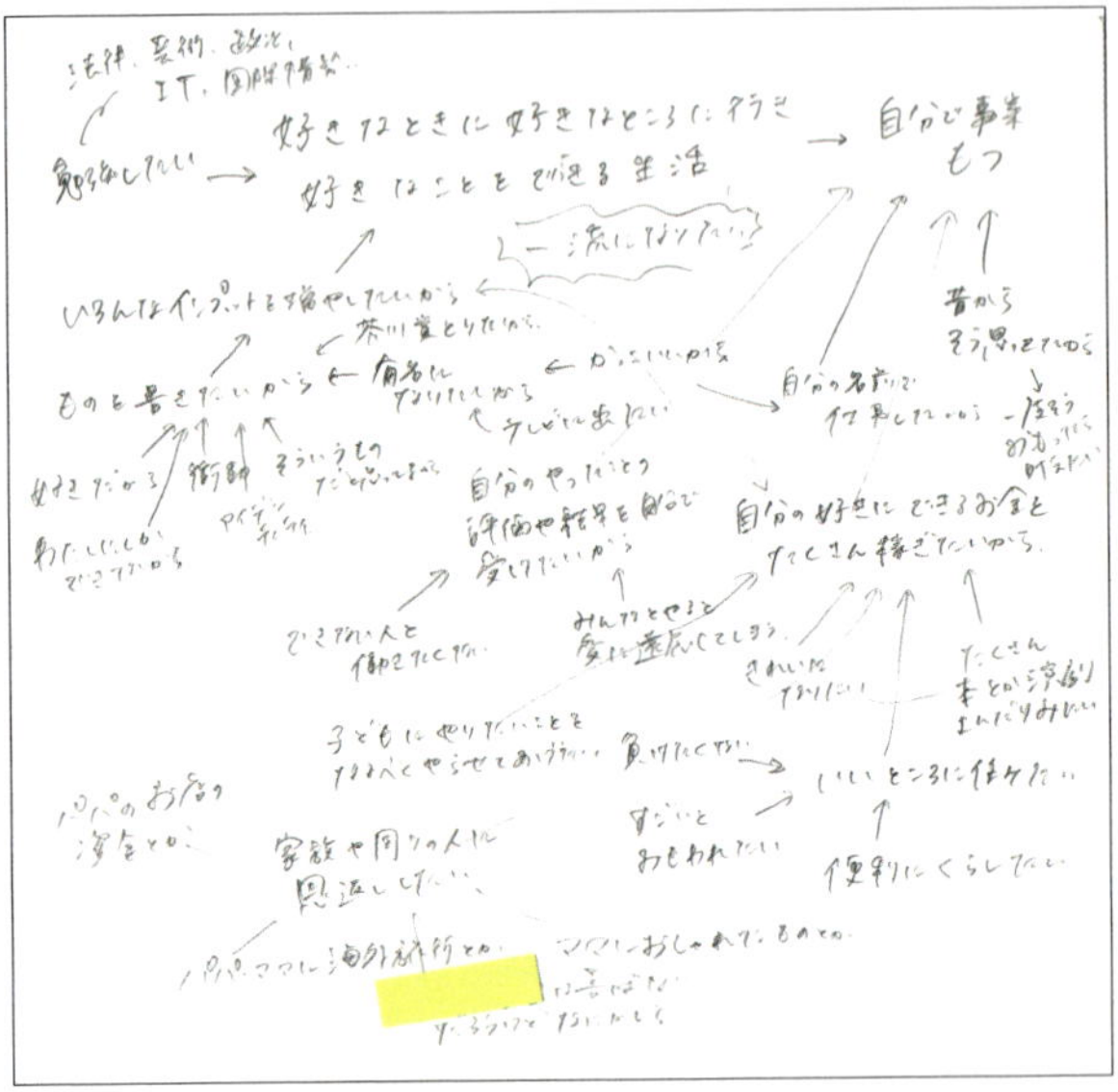

「～したい」という希望を書き、
「それはなぜ？」と深掘りしたことを
矢印でどんどん書き込んでいきました。

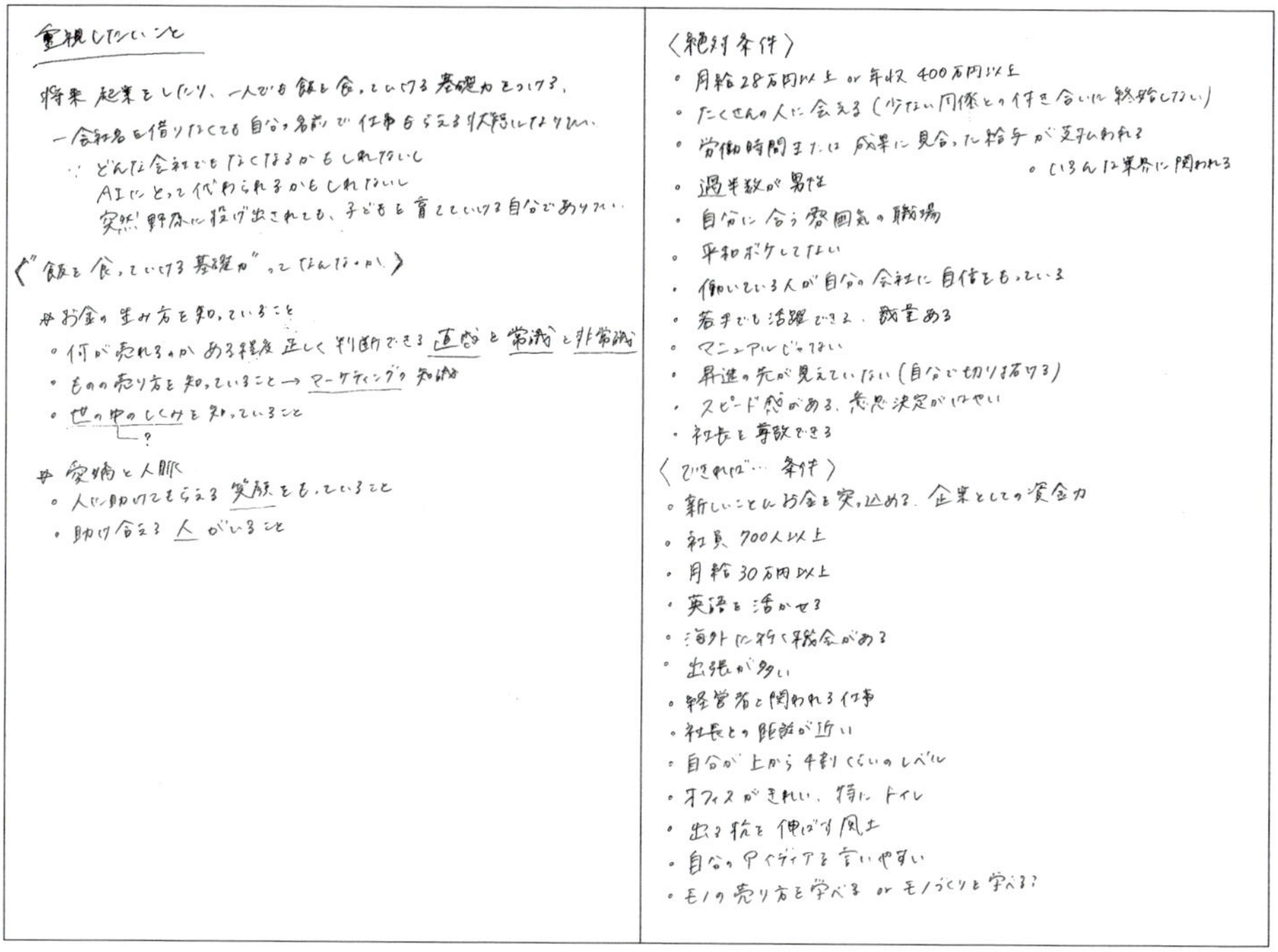

重視したいこと

将来起業をしたり、一人でも飯を食っていける基礎力をつける。
ー会社名を借りなくても自分の名前で仕事をもらえる状態になりたい。
∵どんな会社でもなくなるかもしれないし
AIにとって代わられるかもしれないし
突然野原に投げ出されても、子どもを育てていける自分でありたい。

〈“飯を食っていける基礎力”ってなんなのか〉

＊お金の生み方を知っていること
- 何が売れるのかある程度正しく判断できる直感と常識と非常識
- ものの売り方を知っていること→マーケティングの知識
- 世の中のしくみを知っていること
  └?

＊愛嬌と人脈
- 人に助けてもらえる笑顔をもっていること
- 助け合える人がいること

〈絶対条件〉
- 月給28万円以上 or 年収400万円以上
- たくさんの人に会える（少ない同僚との付き合いに終始しない）
- 労働時間または成果に見合った給与が支払われる
- いろんな業界に関われる
- 過半数が男性
- 性分に合う雰囲気の職場
- 平和ボケしてない
- 働いている人が自分の会社に自信をもっている
- 若手でも活躍できる、気量ある
- マニュアルじゃない
- 昇進の先が見えていない（自分で切り拓ける）
- スピード感がある、意思決定がはやい
- 社長を尊敬できる

〈できれば…条件〉
- 新しいことにお金を突っ込める、企業としての資金力
- 社員700人以上
- 月給30万円以上
- 英語を活かせる
- 海外に行く機会がある
- 出張が多い
- 経営者と関われる仕事
- 社長との距離が近い
- 自分が上から4割くらいのレベル
- オフィスがきれい、特にトイレ
- 出る杭を伸ばす風土
- 自分のアイディアを言いやすい
- モノの売り方を学べる or モノづくりを学べる?

自分が勤め先に求めることや、会社での仕事を通じて
どうなっていきたいのかを書き出して考えていました。

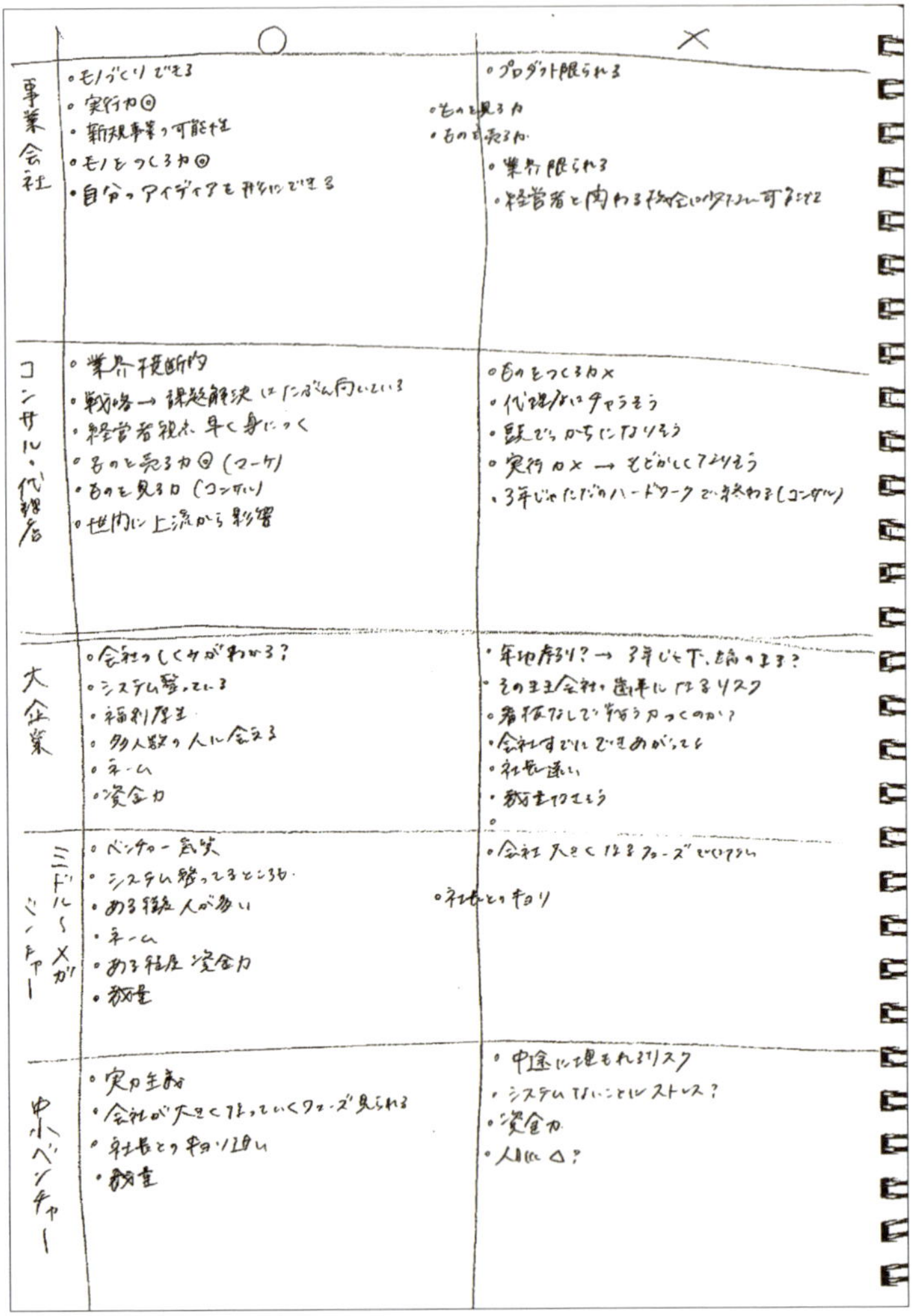
○
×
事業会社
・モノづくりできる
・実行力◎
・新規事業の可能性
・モノをつくる力◎
・自分のアイディアを形にできる
・プロダクト限られる
・ものを見る力
・ものを売る力
・業務限られる
・経営者と関わる機会は少ないかも
コンサル・代理店
・業務横断的
・戦略→課題解決はたぶん向いている
・経営者視点早く身につく
・ものを売る力◎（マーケ）
・ものを見る力（コンサル）
・世間に上流から影響
・ものをつくる力×
・代理店はチャラそう
・頭でっかちになりそう
・実行力×→もどかしくなりそう
・3年じゃただのハードワークで終わる（コンサル）
大企業
・会社のしくみがわかる？
・システム整っている
・福利厚生
・多人数の人に会える
・ネーム
・資金力
・年功序列？→3年じゃ下っ端のまま？
・そのまま会社の歯車になるリスク
・看板なしで戦う力つくのか？
・会社すでにできあがってる
・社長遠い
・教育まともそう
ミドル〜メガベンチャー
・ベンチャー気質
・システム整ってるところも
・ある程度人が多い
・ネーム
・ある程度資金力
・教育
・会社大きくなるフェーズではない
・社長との距離
中小ベンチャー
・実力主義
・会社が大きくなっていくフェーズ見られる
・社長との距離近い
・教育
・中途に埋もれるリスク
・システムないことにストレス？
・資金力
・人脈△？

ときには表の形で整理することも。自分会議ノートの書き方に
決まりはないので、好きなように書いてOKです。

毎日が楽しくなる手帳術

わたしが手帳を書く理由

わたしは手帳を書く時間、いわゆる「手帳タイム」を毎日5分程度とるようにしています。本当にちょっとしたことしか書いていないのですが、この時間を作れている時期と作れていない時期ではメンタルの安定度合いにかなりの違いを感じています。

わたしが手帳に書いているのはこれからのスケジュールではなく、**一日の振り返り**。これをすることで、自分のいまの状態を毎日把握することができ、知らず知らずのうちに自己肯定感を保つことができているように思います。また、新しい習慣を作りたいときにも、実行したかどうかのチェック機関として手帳が役に立ってくれています。

わたしのゆるっと手帳術

その日の過ごし方をしっかりプランニングしたり、丁寧に日記を書いたり、かわいくデコレーションしたりする手帳術もいろいろあると思うのですが、わたしは普段は**ごく簡単な振り返りのみの手帳術**を実践しています（第2章でお話ししたように、タスクが山積しているときだけ、これに加えて作業スケジュールも書き込んでいます）。

正直手帳術と呼べるほどのものでもないのですが、あまり凝ったことを続ける自信がない方のご参考にはなるかと思うので、一例としてご紹介させていただきますね。

⭐手帳に書くこと

わたしは200〜201ページの写真のようにウィークリーページを見開きで使い、3つのゾーンに分けてレイアウトしています。

①ゆるゆる家計簿

プライベートで使ったお金を記録するゾーンです。項目を細かく分けると面倒で続かなくなってしまうので、わたしは次の3つのみに分けています。

- **投資**(自己投資のためのお金)
- **消費**(生活のための必要経費)
- **浪費**(自己投資でも必要経費でもなかったお金)

また、金額を細かく書くと合計額の暗算ができなくなってしまうので、**ざっくり百円単位まで**にしてしまっています。基本は四捨五入ですが、それぞれを四捨五入してしまうと合計金額が実際の額とかけ離れてしまう場合があるので、たとえば「530円のものを500円と書いたら、同じ日に使った別の640円のものは600円ではなく700円と書く」のような感じで、トータルでなるべく実態に近づけるようにしています。

正確な家計管理が必要な時期には細かく書いていく必要があると思いますが、いまはざっくり管理してなるべく無駄遣いを減らすことを目的としているので、このようなゆるゆる制度を採用しています。

③ハビットトラッカー

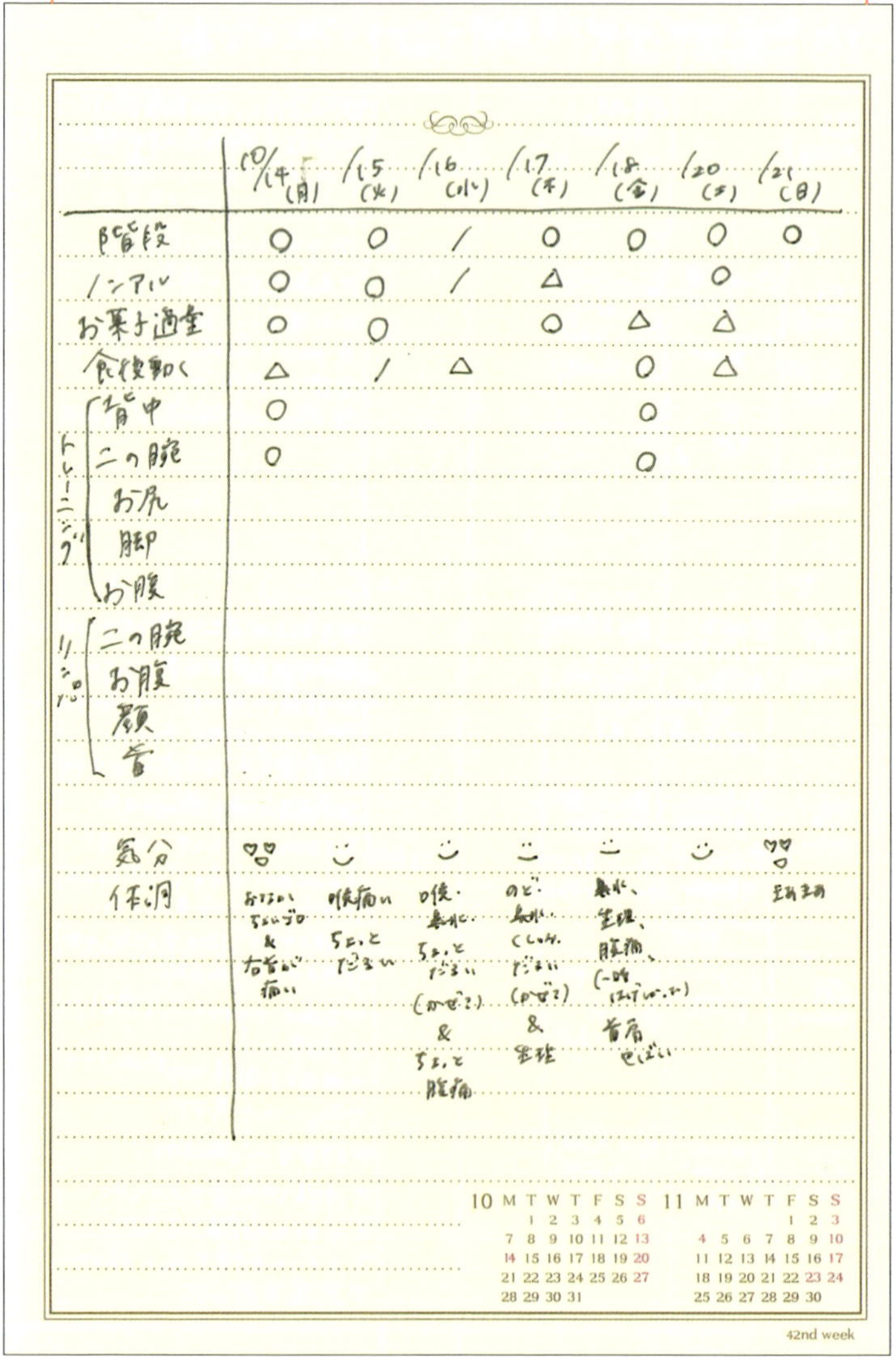

	10/14(月)	/15(火)	/16(水)	/17(木)	/18(金)	/20(土)	/21(日)
階段	○	○	/	○	○	○	○
ノンアル	○	○	/	△		○	
お菓子適量	○	○		○	△	△	
食後動く	△	/	△		○	△	
トレーニング 背中	○				○		
二の腕	○				○		
お尻							
脚							
お腹							
リンパ 二の腕							
お腹							
顔							
首							
気分	♡♡	☺	☺	☺	☺	☺	♡♡
体調	おなかちょいゴロ & 右首が痛い	喉痛い ちょっとだるい	喉・鼻水・ちょっとだるい (かぜ?) & ちょっと腰痛	のど・鼻水・くしゃみ・だるい (かぜ?) & 生理	鼻水、生理、腰痛、(一時ほぼ消えた) 首肩やばい		まあまあ

10	M	T	W	T	F	S	S
		1	2	3	4	5	6
	7	8	9	10	11	12	13
	14	15	16	17	18	19	20
	21	22	23	24	25	26	27
	28	29	30	31			

11	M	T	W	T	F	S	S
					1	2	3
	4	5	6	7	8	9	10
	11	12	13	14	15	16	17
	18	19	20	21	22	23	24
	25	26	27	28	29	30	

42nd week

①ゆるゆる家計簿　②良かったファイブ

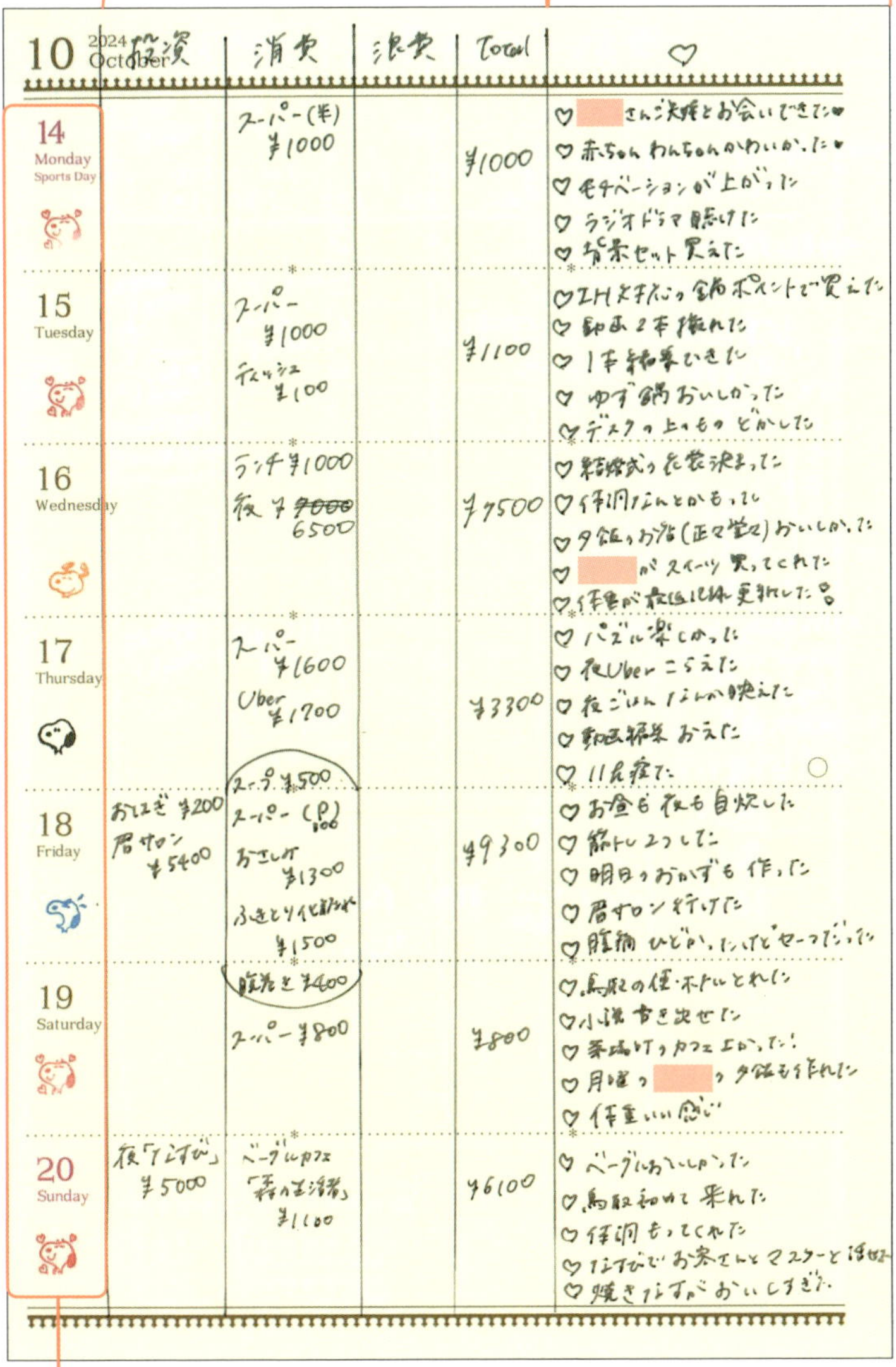

スヌーピーのスタンプでその日の気分なども記録

②良かったファイブ

その日のよかったことを5つ書くゾーンです。これは「良かったファイブ」といって、『ME TIME 自分を後回しにしない「私時間」のつくり方』（ディスカヴァー・トゥエンティワン）という本を参考にして始めました。

よくなかったことや反省点は書きません。それを書いてしまうと、「もっとこうすればよかった」「今日もこれができなかった」という部分ばかりに目が行って、ポジティブな気持ちで一日を終えられなくなってしまうからです。わたしの性格上、よくなかったことはわざわざ書かなくても心のなかでかなり反省したり落ち込んだりしているので、それ以上は蒸し返さずにそっとしておくことにしています。

③ハビットトラッカー

習慣化を目指している各項目について、その日達成することができたかどうかをチェックするハビットトラッカーのゾーンです。週のはじめに項目と1週間分の日付を書き込んでおき、毎日の終わりにチェックを入れています。

できたものには○をつけますが、できなかったものに×はつけません。わたしの場合、×をつけると「できなかった」という事実に強く目が向いてしまうので、できなかったものは単なる空白にしています。また、その日はそもそも実践する必要がなかったという場合には斜線（／）を引いています。

★書けない日が続いてしまったら

わたしは、手帳を書く習慣を身につけようと挑戦するも三日坊主で終わってしまう、ということがこれまで何度もありました。それをくり返しているうちに、**「どうせ自分には手帳は続かない。だから、そもそも書くのはやめる」**と決めてしまい、じつは1年くらい前までは手帳のない生活をしていました。

そこから手帳のある生活にどうしてシフトできたかというと、**「手帳に記録を書けなかった時期は、『書けなかった』という記録があるということだ」と捉えるようにしたから**です。書けなかった時期には、「忙しかった」「気力が湧かなかった」「ほかに夢中になっていることがあった」などの背景があるはずです。その結果としての空白時期なので、これも一つの記録だと考えることにしました。

こう捉えると、手帳を書けていない時期も記録は断絶せず続いているということになるので、またスムーズに手帳タイムを始めることができました。みなさんもきっと忙しい時期や精神的に参ってしまった時期などに手帳を書けないことがあると思いますが、「これは空白という記録だ」と捉え直すようにしてみてくださいね。

わたしの手帳の選び方

わたしが現在使っている手帳は、LABCLIPの「Kaila（カイラ）B6ウィークリーホリゾンタルタイプ3」です。

使用する手帳は年ごとに変えることが多いので、来年以降も同じものを使うかは未定ですが、いつもこだわっているポイントはこんな感じです。

- マンスリーページとウィークリーページがある
- 自分が使いこなせないフォーマットや線が入っていない
- 罫線の印刷が濃すぎない
- 後ろのほうにメモ用のページがたくさんある
- 厚すぎず薄すぎず、持ち運びに適したサイズ感フォーマットには特にこだわっているような気がします。わたしは今回も使っている「左側がウィークリーページ、右側が自由に書けるメモページ」というフォーマットがいちばん好きで、逆に毎日のスケジュールを時間単位で書き込めるようなフォーマットは窮屈に感じるのであまり好みではありません。

手帳の使い方は百人百様なので、自分自身のスタイルに合ったアイテムを選ぶのがいちばんです。ぜひ店頭でいろいろと見比べてみてください。

現在愛用中の手帳
「Kaila B6 ウィークリー
ホリゾンタルタイプ3
（LABCLIP）」

人生が充実する読書術

わたしが読書をする理由

わたしは読書が好きで、ここ数年は**年間100冊ほど**の本を読んでいます。

仕事や家事の合間を縫ってわざわざ読書をする理由としてはいろいろありますが、いちばんは**単純に楽しい**ということです。読書はもちろん実生活の役に立つものでもありますが、基本的には映画鑑賞やゲームや旅行と同じ、娯楽の一つだと思っています。

小説を読めば自分とは違う人生や世界を体験できるし、エッセイを読めば新たな発見ができたり笑えたりするし、ビジネス書や実用書を読めば新たな視点を知っておもしろさを感じることができます。

娯楽以外の目的としては、**「勉強のため」**と**「悩みに対するヒントを見つけるため」**の2つがあります。前者は第5章や第6章でお話ししてきたように、なにかを学ぶための手段としての読書です。後者は前者と少し似てはいますが、単純な興味関心を満たすための読書というより、**その時々の特定の悩みに突き動かされて解決の糸口を探すような読書**です。

たとえばわたしはいま『新版 ずっとやりたかったことを、やりなさい。』（サンマーク出版）という本を読んでいるのですが、これはこの本のコンセプトである「眠ってしまっていた自分の創造性を呼び覚まし、『ずっとやりたかったこと』をやって創造的に生きる」ということに強い必要性を感じたからです。


ちなみに、本を読むことでわたしが得ている副次的な効果として、**メンタルが安定して生活が充実する**ということがあります。これはあくまでわたしの場合ですが……本を毎日読めている時期は気持ちが上向いていることが多く、逆に読めない日が続いている時期は気分も沈んでしまっていることが多いです。

わたしのわくわく読書術

本の探し方・選び方

わたしは特にジャンルごとのバランスなどは考えておらず、そのとき読みたい本やそのときの自分に必要だと思った本を手に取るようにしています。だいたい次のような方法で本と出会うことが多いです。

- 書店の店頭で見かけた本をチェックする
- Amazon／Kindleでキーワードを入れて検索する
- Amazon／Kindleのおすすめ本をチェックする
- Webの記事やSNSで見かけた本をチェックする
- 友人や知人からおすすめされた本をチェックする

いちばん楽しいのは、**書店の店頭で素敵な本とたまたま巡り合う**こと。自分からネット検索することはないであろうテーマの本でおもしろそうなものに出会えたときは、「これだからリアル書店はやめられない！」とうれしくなります。

ただし、こうした一部の例外を除き、わたしは本を選ぶときには**あらかじめある程度明確な目的をもっている**ことが多いです。

「ブランディングについて知りたいからこの本を読む」「スカッとしたいからこのお仕事小説を読む」「この作家さんの文体を勉強したいからこの本を読む」など、目的に合わせて読むものをチョイスしています。

本の読み方

本をどう読むかは人それぞれのスタイルがあると思いますが、一例としてわたしの現在の読書の仕方をご紹介します。

本を読むタイミングと場所

電子書籍は電車移動の最中やちょっとしたスキマ時間、あとはお行儀はよくないのですが、食事中にも読んでいることが多いです。紙の本は入浴中に読んだり、休みの日にベッドで寝そべって読んだりしています。

前から順を追って読む？　飛ばし飛ばし読む？

わたしは基本的には前から順に読むようにしています。仕事のための参考書籍として読む場合は、目次をチェックして目ぼしいところから読んでいくことも。

時間に追われない読書を楽しむ

ここ1～2年の読書の仕方で変えたのが、「本を読むスピードを追求しない」ということです。

わたしがよく使っているKindleでは、読書のスピードが自動で計算され、ページ下部にその本や章を読み終わるまでの時間を表示することができます。以前はこれを常に表示させていて、時間を短縮できるように急いで読み進めるのが癖になっていました。

ですが、あるとき自分が時間に追われる生活をしてしまっていることに気づき、心のゆとりを作るためにこの時間表示の設定をやめました。すると、「早く読み切らなきゃ」という無意識のプレッシャーがなくなり、以前より味わいながら本を読むことができるようになったのです。この習慣はこれからも続けていきたいなと思います。

読書記録のつくり方

あとから自分で振り返ったり、誰かにおすすめの本を聞かれたときに紹介したりできるよう、読了した本はすべて記録するようにしています。

アプリを使った記録

本を読み終わると、まずは「ブクログ」のアプリに登録をします。タイトルで検索してその本を見つけたら、「読み終わった」の読書状況を選んで本棚登録。それから「整理」ボタンを押して、こちらを設定します。

- 読み終わった日
- カテゴリ
- タグ

カテゴリは自分で作ることができます。わたしは「小説」「エッセイ」「ビジネス書・実用書」などのカテゴリを用意しています。カテゴリは1冊につき1つだけ設定することが可能です。

タグも自分で作ることができます。わたしは「2024年」「2025年」といった年のタグと、「2024・1」「2024・2」といった月のタグを用意して、1冊につき年と月の2つのタグを設定するようにしています。こうすることで、あとで年や月ごとにソートして読書記録を確認することができます。

ちなみに、星の数（最大5）で本の評価を入力することもできるのですが、わたしはこの機能は使っていません。というのも、本に対しての評価を決めるのってとても難しいなぁと思っているからです。

内容自体は素晴らしくてもいまの自分にはそこまで必要ないものだったり、その逆もあったり。個人的な満足度というのはありますが、それは自分の心にとっておけばいいかなとも思うので、あえて評価は空欄にしています。

ふせんを使った記録

今年の読書冊数を常に把握できるようにするため、アプリと併せて**紙のふせん**にも記録をしています。

ToDo管理のためのふせんを使って、とおし番号と読了日、本のタイトルを書くだけの簡単な記録です。

年間100冊の目標に対しての進捗度合いがひと目でわかるよう、マーカーで目安ペースを書き入れています。

ノートを使った記録

心に響いた箇所や何度もおさらいしたいポイントが多かった本に限り、**簡単な読書ノート**を書いています。といっても専用のノートを用意しているわけではなく、先ほどご紹介した自分会議用のノートに書き込む形をとっています（自分会議のログも読書記録も今後何度も読み返すという点で同じなので、一つの場所に集約しています）。

ノートの中身は215〜216ページの写真のような感じ。日付と本のタイトル、著者名を書いたら、マーキングやブックマークをしていた箇所（紙の本の場合はふせんを付けていた箇所）を要約して箇条書きにしていきます。

その本のなかから自分に必要な情報だけを抽出したまとめノートを作るようなイメージです。

2023
9/9

ME TIME《ミー タイム》 自分を後回しにしない「私時間」のつくり方

池田千恵 著

・「ME TIME」＝自分だけの時間、自分のためだけの時間
≠
「MY TIME」＝リラックスして過ごす一人の時間

・最初に自分のための豊かな時間「ME TIME」を確保
→残った時間を相手のために使う

時間の優先順位は常に自分！

・SEEメソッド（時間の片づけ）

① Show：時間の見える化
・ありのままの時間を見つめて現状把握
・持ち時間とすべきことにギャップはないか？
いやなことを無理してがんばっていないか？
手放すものはないか？
なんとなく過ごしていないか？

② Edit：時間の編集
・自分の人生の編集長になったつもりで、①で出しきったものを整理
・これからしようとしていることは「Have to＝しなければならない」？
or「Want＝したい・ほしい」？ } 見極める

③ Enjoy：時間を楽しむ

・Have toとWantの明確化
・いつも追い立てられている気がする、時間がないと焦っている人
→多くは優先順位のつけ方の問題
・「Have toが終わったらWantをしよう」→永久にムリ
・Wantを実現させるための時間を、忙しいうちから前もって確保する

○「あれもこれも族」は、

やめること＝あきらめること×

やめること＝自分が心からやりたいことを、しっかり選びきること◎　と捉えよう

○だらだらすること、ぼーっとすることは「投資」!!!

→「戦略的にだらだらした」とラベルをつける

○朝のSEEメソッド

①Show：「好きを100個リスト」をつくる　（×したいこと）

②Edit：グッときた「好き」に印づけ

→「その心は？」と考える

→輪郭がくっきりしてきたその「好き」を叶えるためのライフスタイルや

何をしていくといいかが見えてくる

③Enjoy：リストからどれかを実践する

締め：朝日記（今日の未来日記）を書く

ex)「食欲をコントロールできて、昨日より0.5kg減った！」「定時で帰れた！」

○夜のSEEメソッド

①Show：「理想と現状のナイトルーティン」を書く

理想を書く→現状を書く→課題と対策を考える→定期的に振り返る（3カ月後〜）

②Edit：理想と現実のズレの原因を考える

この3つが多い！
- 仕事が終わらない
- 家族の都合 ⟶ 3パターンくらいに松竹梅つくる
- ついだらだら

③Enjoy：うれしい！楽しい！気持ちいい！夜を過ごす

…やること思いつかなければ「好きリスト」からピックアップ

&寝る前に「よかったファイブ」

わたしなりの自分会議術や手帳術、読書術をご紹介してきましたが、いかがでしたでしょうか。

最近周りを見ていて感じるのが、どんな形であれ、自分と向き合う方法を確立している人は強いなということです。

いまの自分の状態を冷静に見つめ、必要な処方箋を自分で出すことができれば、ももややストレスも比較的速いスピードで解消することができます。逆にそれができないと、「なんだかうまくいっていないけど、なにがいけないんだろう」「いまの状態を抜け出すには一体どうしたらいいんだろう」と悶々とするばかりで、なかなか前に進むことができません。

自分と向き合う方法の一つとして自分会議や手帳を取り入れたり、その時々の自分の課題解決や癒しのために読書をしてみたりして、楽しく充実した毎日を過ごしていただけたら幸いです。

おわりに

何歳から始めても、勉強は人生を彩ってくれる

「学生時代、もっと勉強しておけばよかった」
「子どものころにみおりんさんのコンテンツに出会えればよかったのに」

勉強法デザイナーの仕事を始めてから約5年。大人のフォロワーさんたちがこのような言葉をおっしゃるのを、何度耳にしたかわかりません。

ですが、**勉強を始めるのに「遅すぎる」ということは絶対にありません**。年齢制限のある一部のものを除けば、いまから目指せない資格はないし、大学だって何歳から入ってもいいのです。むしろ、言われたことをこなすように勉強するしかなかった学生時代より、大人になったいまのほうが学んだことを深く理解できることも多いのではないでしょうか。

わたしは昨年結婚したのですが、夫はおよそ勉強とは無縁の人生を歩んできた人で、文章を読むのが苦手なので本もまともには読んでこなかったと言っていました。ですがあるときから急に読書に目覚め、「困ったことがあったら本を読んで学べばいいんだ！」とたくさんの本を読みあさるようになりました。そして、最近では「本を読んで学んでいる時間、勉強している時間がいちばん楽しい。いつか大学に行ってみたい」とまで言うようになったのです。

本を読むようになった夫は、いろいろなことに興味をもつようになり、日常生活でも「これってどういう意味だろう？」「これはどうしてこういうふうになっているんだろう？」と疑問をもって調べる機会が格段に増えました。

わたしたちは家で仕事の話もよくするのですが、「みおりんが言っていた『勉強をすると人生が楽しくなる』の意味がわかった」と言ってくれました。

彼を見ていると、**どんなに勉強が嫌いだった人でも勉強を好きになれるきっかけは必ずあるし、それは何歳でも遅くない**のだなぁと実感します。そして、**勉強は学んだ**

知識が役立つだけでなく、人生そのものを彩り豊かにしてくれるんだなぁ、とも。

かく言うわたしは相変わらず勉強自体はあまり好きではありませんが、身につけたい知識や学びたいことはたくさんあります。最近では、資格勉強系だと英検®、世界遺産検定、文章読解・作成能力検定、食品表示検定などが気になっていたり、仕事や趣味の勉強でいうと税金の勉強を軽く始めたり、ピラティスに通うようになったり。ほかにも、やりたいことややらなきゃなと思っていることがいろいろあります。

ただ、ここまで勉強のやり方や時間術のようなものについてえらそうに語ってみたものの、忙しい仕事や家事の合間を縫って一定の勉強時間を捻出するのは実際容易ではありません。先日など、一度しっかり勉強計画を立てたのに、結局仕事が立て込んでほとんどこなせずに終わるという結末を迎えてしまったこともありました。

こんなふうにわたしもまだ試行錯誤を続けていますが、**限られた条件のなかで自分なりの勉強の攻略法を見つけていくのも、大人の独学の醍醐味といえる**のではないでしょうか。みなさんと一緒に学びながら、これからもたくさんの勉強のコツを発見していきたいなと思います。

本書では大人の独学に関する様々なポイントをご紹介してきましたが、ページの関係でふれられなかったこともまだまだあります。ＹｏｕＴｕｂｅ「みおりんカフェ」やブログ「東大みおりんのわーいわーい喫茶」、Ｉｎｓｔａｇｒａｍ等でも様々な勉強法やおすすめ文房具をご紹介していますので、ぜひ遊びに来ていただけたらうれしいです。

最後になりますが、丁寧なお仕事で本書を素晴らしい本に仕上げてくださっただけでなく、日頃から素敵な刺激をたくさんくださるＫＡＤＯＫＡＷＡ編集者の篠原若奈さん、かわいらしいカバーイラストを描いてくださったあわいさん、関わってくださったみなさんに、この場を借りて心から御礼申し上げます。

みなさんの人生が、ごきげん勉強によってさらにもっと色鮮やかなものになりますように。陰ながら応援しています。

楽しく、ごきげんな
勉強法＆ノート術をお届け中！

公式LINE
みおりんカフェ

YouTube
みおりんカフェ

ブログ
東大みおりんのわーいわーい喫茶

Amebaブログ
みおりんの楽しいおうち勉強術

Instagram
@miorin2018

X（旧Twitter）
@miori_morning

TikTok
@miorincafe

＼みおりんのオリジナル／
ワークシート
https://mosh.jp/miorincafe/home

＼プロデュース文房具／
みおりんStudy Time
https://www.sun-star-st.jp/campaign/miorin-cafe/index.html

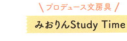

みおりん

勉強法デザイナー。「すべての人にごきげんな勉強法を」をコンセプトに活動。地方から東京大学文科三類を受験し、高3では大差で不合格に。1年間の自宅浪人生活を経て同大学に合格し、その後法学部へ進学。3年生修了と同時にカナダでのワーキングホリデーに挑戦し、2019年3月に東大を卒業。都内のIT企業に勤めたのち、2020年に独立。YouTubeチャンネル「みおりんカフェ」（登録者数16万人/2025年1月時点）でも、ノート術や勉強法を動画で楽しく紹介。著書に『大学合格を引き寄せる! 東大卒がおしえる 逆転おうち勉強法』（小社刊）、『中学生から使える 東大女子のノート術 成績がみるみる上がる教科別勉強法』（エクシア出版）、『豆腐メンタルのわたしが宅浪で東大に入れた理由』（二見書房）、『やる気も成績もぐんぐんアップ! 中学生のおうち勉強法入門』（実務教育出版）シリーズなどがある。

【参考文献】

『一生頭がよくなり続ける すごい脳の使い方』（サンマーク出版）
『ME TIME 自分を後回しにしない「私時間」のつくり方』（ディスカヴァー・トゥエンティワン）

【スタッフクレジット】

ブックデザイン	西垂水 敦・岸 恵里香（krran）
DTP	秋本さやか（アーティザンカンパニー）
校正	麦秋新社
編集	篠原若奈

自分《じぶん》のペースで楽《たの》しく続《つづ》く！
大人《おとな》のごきげん独《どく》学《がく》術《じゅつ》
2025年3月12日　初版発行

著者　みおりん
発行者　山下直久
発行　株式会社KADOKAWA
〒102-8177　東京都千代田区富士見2-13-3
電話0570-002-301（ナビダイヤル）
印刷所　TOPPANクロレ株式会社
製本所　TOPPANクロレ株式会社

●お問い合わせ
https://www.kadokawa.co.jp/（「お問い合わせ」へお進みください）
※内容によっては、お答えできない場合があります。
※サポートは日本国内のみとさせていただきます。
※Japanese text only

定価はカバーに表示してあります。

ISBN 978-4-04-607242-9　C0095